다국어로 배우는 한국어문법

다국어로 배우는 한국어문법

Learning Korean Grammar in Multiple Languages

김상태 지음

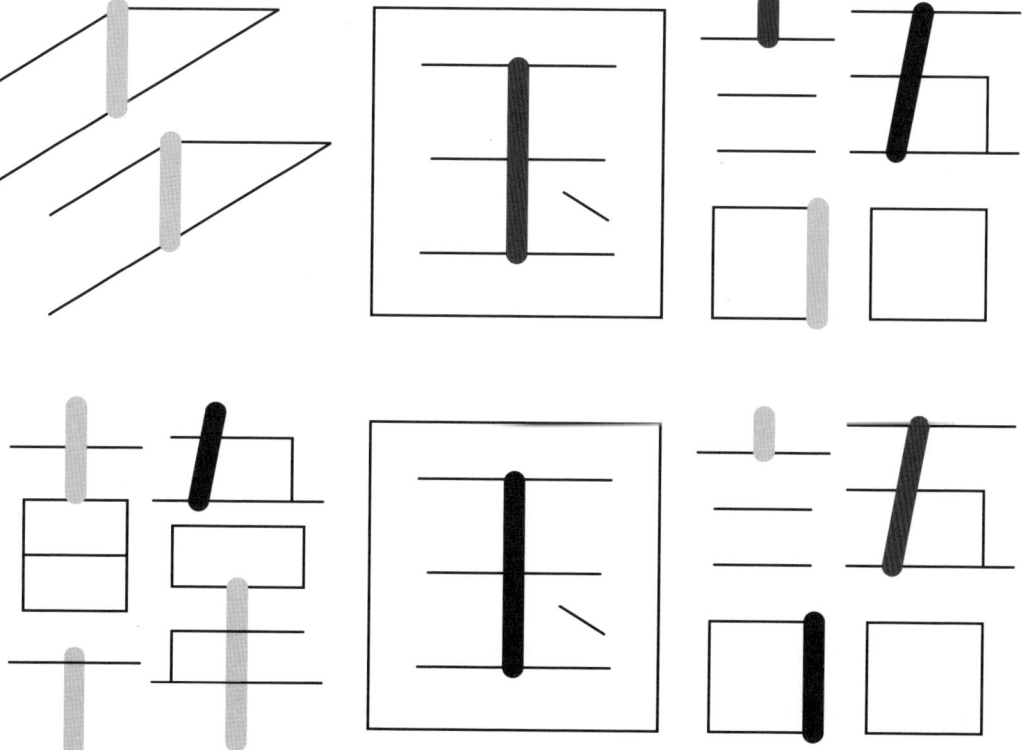

한국문화사

다국어로 배우는 한국어문법

1판 1쇄 발행 2024년 9월 2일

지 은 이 | 김상태
펴 낸 이 | 김진수
펴 낸 곳 | 한국문화사
등   록 | 제1994-9호
주   소 | 서울시 성동구 아차산로49, 404호(성수동1가, 서울숲코오롱디지털타워3차)
전   화 | 02-464-7708
팩   스 | 02-499-0846
이 메 일 | hkm7708@daum.net
홈페이지 | http://hph.co.kr

ISBN 979-11-6919-234-7 93710

- 이 책의 내용은 저작권법에 따라 보호받고 있습니다.
- 잘못된 책은 구매처에서 바꾸어 드립니다.
- 책값은 뒤표지에 있습니다.

오류를 발견하셨다면 이메일이나 홈페이지를 통해 제보해주세요.
소중한 의견을 모아 더 좋은 책을 만들겠습니다.

서문

현재 우리는 다문화와 다국어가 어울리는 세계에 살아가고 있다. 이 책은 이러한 환경 속에서 한국어를 학습하고자 하는 외국인들을 위한 가이드이며, 동시에 한국인들이 다양한 외국어를 배울 수 있는 기회를 제공하고자 하였다.

이 책은 한국어, 중국어, 일본어, 영어로 설명하였다. 특히, 한국어, 중국어, 일본어는 한자를 사용하는 언어이다. 이들 언어는 언어적 유사성과 차이점이 동시에 존재한다. 이 책을 통해 독자들은 각 언어의 공통적인 특징을 파악하고, 독특한 면도 이해할 수 있을 것이다. 또한 이들 언어가 공통으로 사용하는 한자어를 통해 서로의 언어와 문화를 더 깊이 이해할 수 있을 것이다. 또한 영어를 활용하여 이러한 언어적 유사성과 차이점을 설명함으로써, 다문화 시대에 살아가는 우리 모두가 서로를 더욱 잘 이해하고 소통할 수 있는 계기가 될 수 있도록 하였다. 이 책이 독자들에게 유익하고 재미있는 정보를 제공할 수 있기를 바라며, 많은 독자 여러분의 성원과 관심을 부탁드린다.

이 책을 출판하면서 많은 분들의 고마움이 있었다. 우선 이 책을 기획할 때 많은 격려를 해 주신 박광순 선생님께 감사드리고 싶다. 그리고 집필 중 어려움을 느낄 때 도와주신 동료 선생님들께도 감사함을 전하고 싶다. 또한, 졸고를 기꺼이 맡아 출판해 주신 한국문화사 김진수 사장님과 한병순 부장님, 강인혜 과장님을 비롯한 한국문화사 관계자분들께 고마운 마음을 전하고 싶다. 마지막으로 무더운 여름, 옆에서 지켜보면서 격려를 해 준 어머니, 아내, 아들에게 고마움을 전하고 싶다.

시원한 가을이 오는 길목, 우암산 자락에서 저자 씀

序言
xùyán

现在 我们 生活 在一个 多 文化 和 多 语言
xiànzài wǒmen shēnghuó zài yíge duō wénhuà hé duō yǔyán

相 融合的世界里。这本书是为在这种 环境
xiàng rónghé de shìjiè lǐ. zhè běnshū shì wéi zài zhèzhǒng huánjìng

下 外国人 学习 韩语的 人 准备 的 指南 同时 为
xià wàiguórén xuéxí hányǔ de rén zhǔnbèi de zhǐnán, tóngshí wéi

韩国人 提供 学习多 种 外语的机会。
hánguórén tígōng xuéxí duōzhǒng wàiyǔ de jīhuì.

这 本 书 用 韩语 汉语 日语和英语 说 明 特别
zhè běnshū yòng hányǔ, hànyǔ, rìyǔ hé yīngyǔ shuōmíng. tèbié

是 韩语 汉语 日语是 使用 汉字 的语言 这些语言
shì hányǔ, hànyǔ, rìyǔ shì shǐyòng hànzì de yǔyán. zhèxiē yǔyán

同时 存在 语言 上 的 相似性和差异 通过这
tóngshí cúnzài yǔyán shàng de xiāngsìxìng hé chāyì. tōngguò zhè

本书 读者 可以 掌握 各 语言的 共同 特征 并
běnshū, dúzhě kěyǐ zhǎngwò gè yǔyán de gòngtóng tèzhēng, bìng

理解其独特的 一面 另外 通过 这些语言 共同
lǐjiě qí dútè de yímiàn. lìngwài, tōngguò zhèxiē yǔyán gòngtóng

使用 的汉字词 可以 更 深入的 理解彼此的 语言 和
shǐyòng de hànzìcí, kěyǐ gèng shēnrù de lǐjiě bǐcǐ de yǔyán hé

文化 另外 利用 英语 说 明 这种 语言 上 的
wénhuà. lìngwài, lìyòng yīngyǔ shuōmíng zhèzhǒng yǔyán shàng de

相似性和差异使 生活 在多 文化时代的我们
xiāngsìxìng hé chāyì, shǐ shēnghuó zài duō wénhuà shídài de wǒmen

所有人都能更好地理解和沟通。希望这
suǒyǒu rén dōu néng gèng hǎo dì lǐjiě hé gōutōng. xīwàng zhè

本书能为读者提供有益有趣的信息,希望
běnshū néng wéi dúzhě tígōng yǒuyì yǒuqù de xìnxī, xīwàng

广大读者给予支持和关注。
guǎngdà dúzhě jǐyǔ zhīchí hé guānzhù.

序文

現在、私たちは多文化と多言語が似合う世界に生きている。この本はこのような環境の中で外国人が韓国語を学習しようとする方々のためのガイドであり、同時に韓国人が多様な外国語を学べる機会を提供しようとした。

この本は韓国語、中国語、日本語、英語で説明した。特に、韓国語、中国語、日本語は漢字を使う言語である。これらの言語は言語的類似性と相違点が同時に存在する。この本を通じて読者は各く言語の共通的な特徴を把握し、独特な面も理解できるだろう。また、これらの言語が共通して使う漢字語を通じてお互いの言語と文化をより深く理解することができるだろう。また、英語を活用してこのような言語的類似性と相違点を説明することによって、多文化時代に生きていく私たち皆がお互いをよりよく理解し疎通できる契機になるようにした。この本が読者に有益で面白い情報を提供できることを願い、多くの読者の皆さんの声援と関心をお願いする。

Preface

We are currently living in a world where multiculturalism and multilingualism coexist. This book serves as a guide for foreigners who want to learn Korean in this environment, while also providing opportunities for Koreans to learn various foreign languages.

The book is explained in Korean, Chinese, Japanese, and English. In particular, Korean, Chinese, and Japanese are languages that use Chinese characters. These languages possess both linguistic similarities and differences. Through this book, readers will be able to grasp the common characteristics of each language and understand their unique aspects. Furthermore, by exploring the Chinese vocabulary commonly used in these languages, readers can deepen their understanding of each other's languages and cultures. By utilizing English to explain these linguistic similarities and differences, I aim to facilitate better understanding and communication among all of us living in this multicultural era. I hope that this book provides readers with useful and enjoyable information, and we kindly ask for the support and interest of all readers.

목차

目录 もくじ
mùlù 目次 Table of Contents

서문 5

1. 한국어 학습 방법
   韩语学习方法 かんこくご がくしゅうほうほう
   hányǔ xuéxí fāngfǎ 韓国語の学習方法ほうほう How to learn Korean ———— 13

2. 언어 유형
   语言类型 げんご
   yǔyán lèixíng 言語タイプ Language type ———————————— 19

   　　　　　　孤立语 こりつご
   2.1. 고립어 gūliyǔ 孤立語 Isolating language ················· 19

   　　　　　　屈折语 くっせつご
   2.2. 굴절어 qūzhéyǔ 屈折語 Inflectional language ············ 20

   　　　　　　黏着语 こうちゃくご
   2.3. 교착어 niánzhuóyǔ 膠着語 Agglutinative language ········ 21

3. 체언
   体词 たいげん
   tǐcí 体言 Substantive ———————————————————— 23

   　　　　名词 めいし
   3.1. 명사 míngcí 名詞 Noun ·································· 23

   　　　　代词 だいめいし
   3.2. 대명사 dàicí 代名詞 Pronoun ····························· 35

   　　　　数词 すうし
   3.3. 수사 shùcí 数詞 Numeral ································ 40

4. 용언

谓词 ようげん
wèicí 用言 Predicate ———————————————————— 43

4.1. 동사 动词 dòngcí どうし 動詞 Verb ———————————————————— 44

4.2. 형용사 形容词 xíngróngcí けいようし 形容詞 Adjective ———————————————————— 46

4.3. 본용언과 보조용언 主谓词和辅助谓词 zhǔwèicí hé fǔzhùwèicí ほんようげん ほじょようげん 本用言と補助用言 Main predicate and auxiliary predicate ———————————————————— 48

4.4. 활용과 어미 活用和词尾 huóyòng hé cíwěi かつよう ごび 活用と語尾 Inflection and ending ———————————————————— 52

5. 수식언

修饰语 しゅうしょくご
xiūshìyǔ 修飾語 Modifier ———————————————————— 87

5.1. 관형사 冠形词 guànxíngcí かんけいし 冠形詞 Determiner ———————————————————— 88

5.2. 부사 副词 fùcí ふくし 副詞 Adverb ———————————————————— 93

6. 독립언

独立言 どくりつげん
dúlìyán 独立言 Independent word ———————————————————— 98

7. 문장 성분

句子成分 ぶんしょうせいぶん
jùzǐ chéngfèn 文章成分 Sentence component ———————————————————— 100

7.1. 주어 主语 zhǔyǔ しゅご 主語 Subject ———————————————————— 104

11

7.2. 목적어 bīnyǔ 宾语 目的語 Object ……… 108

7.3. 서술어 wèiyǔ 谓语 述語 Predicate ……… 110

7.4. 관형어 dìngyǔ 定语 冠形語 Adnominal ……… 112

7.5. 부사어 zhuàngyǔ 状语 副詞語 Adverbial ……… 116

7.6. 보어 bǔyǔ 补语 補語 Complement ……… 122

7.7. 독립어 dúlìyǔ 独立语 独立語 Independent word ……… 124

8. 형태소와 단어
císù hé dāncí 词素和单词 形態素と単語 Morpheme and word ——— 136

8.1. 형태소 císù 词素 形態素 Morpheme ……… 136

8.2. 단어 dāncí 单词 単語 Word ……… 139

8.3. 형태 분석 xíngtài fēnxi 形态分析 形態分析 Morph analysis ……… 161

〈부록〉

교실 한국어 ……… 167
fùlù: jiàoshì hányǔ 附录 教室韩语 付録: 教室韓国語 Appendix: Classroom Korean

1. 한국어 학습 방법

韩语学习方法
hányǔ xuéxí fāngfǎ 韓国語の学習方法ほうほう How to learn Korean

한국어를 효과적으로 학습하는 방법에 대해 어떻게 생각하나요?

您 认 为 如何 有 效 地 学习 韩 语
nín rènwéi rúhé yǒuxiào dì xuéxí hányǔ?

韓国語を効果的に 学習する方法についてどう思いますか？

What do you think about effective ways to learn Korean?

한국어를 효과적으로 학습하는 방법에는 몇 가지 접근 방식을 고려할 수 있다. 몇 가지 검증된 전략을 살펴보자.

学 习 韩 语 的 有 效 方 法 有 几 种 途径 可以 考虑
xuéxí hányǔ de yǒuxiào fāngfǎ yǒu jǐ zhǒng tújìng kěyǐ kǎolǜ.

请 查看 一些 经过 验 证 的 策略
qǐng chákàn yīxiē jīngguò yànzhèng de cèlüè.

韓国語を効果的に学習する方法にはいくつかのアプローチを考慮できます。いくつかの検証された戦略を見てください。

You can consider several approaches to effectively learning Korean.

Take a look at some validated strategies.

◆ 한국어 알파벳(한글) 배우기 xuéxí hányǔ zìmǔ (hánwén) 学习韩语字母 韩文 韓国語アルファベット(ハングル)を学ぶ Learn the Korean alphabet (Hangeul)

한국어 알파벳인 한글부터 마스터하자. 한글은 배우기 쉽고, 언어 학습 속도를 크게 높여줄 것이다. 기초를 다지고 나면 한국어를 읽고 쓰는 것이 더 쉬워질 것이다.

从 掌握 韩文 字母 开始。它 简单 易学, 将
cóng zhǎngwò hánwén (zìmǔ) kāishǐ。tā jiǎndān yìxué, jiāng

显著 提高 您 的 语言 学习 速度。一旦 你 有 了 这个 基础,
xiǎnzhù tígāo nín de yǔyán xuéxí sùdù。yīdàn nǐ yǒule zhège jīchǔ,

你 就 会 发现 用 韩语 阅读 和 写 作 会 更 容易。
nǐ jiù huì fāxiàn yòng hányǔ yuèdú hé xiězuò huì gèng róngyì。

韓国語のアルファベットであるハングルからマスターしてください。ハングルは学びやすく、言語学習の速度を大幅に高めてくれるでしょう。基礎を固めたら、韓国語の読み書きがもっと簡単になるでしょう。

Start by mastering Hangeul, the Korean alphabet. It's easy to learn and will significantly boost your language learning speed. Once you've got this foundation, you'll find it easier to read and write in Korean.

◆ 일관성이 중요 yīzhì xìng wèntí 一致性 问题 一貫性が重要です Consistency

matters

일관성이 핵심이다. 가끔 집중적으로 공부하기보다는 매일 연습하는 것을 목표로 하자. 일주일에 한 번 몇 시간씩 공부하는 것보다 하루에 20분씩 매일 투자하는 것이 더 효과적이다.

一致 性 是 关 键 以 日 常 练 习 为 目 标 而 不 是
yízhì xìng shì guānjiàn。yǐ rìcháng liànxí wèi mùbiāo, ér bùshì

零 星 的 高 强 度 学 习 即使 每 天 花 20 分 钟 也 比
língxīng de gāoqiángdù xuéxí。jíshǐ měitiān huā èrshí fēnzhōng yě bǐ

每 周 一次 学 习 几个 小 时 更 有 效
měi zhōu yícì xuéxí jǐ gè xiǎoshí gèng yǒuxiào。

一貫性が核心である。散発的に集中的に勉強するよりも、毎日練習することを目指してください。週に一度何時間も勉強するよりも、1日に20分だけ投資する方が効果的である。

Consistency is key. Aim for daily practice rather than sporadic intense study sessions. Even dedicating 20 minutes a day is more effective than studying for hours once a week.

◆ 어휘 구축 cíhuì jiàngòu 語彙構築 Vocabulary building

한국 드라마, 영화, 케이팝: 한국 미디어에 푹 빠져보자. 한국 드라마나 영화를 보거나 K-Pop 노래를 들으면 어휘력을 쌓고 듣기 실력을 향상하는 데 도움이 된다.

韩剧 电影 和 韩国 流行 音乐 让 自己 沉浸 在
hánjù, diànyǐng hé hánguó liúxíng yīnyuè: ràng zìjǐ chénjìn zài
韩国 媒体 中。观看 韩剧 电影 或 听 韩国
hánguó méitǐ zhōng。guānkàn hánjù, diànyǐng huò tīng hánguó
流行 歌曲 可以 帮助 您 建立 词汇 量 并 提高 听力
liúxíng gēqǔ kěyǐ bāngzhù nín jiànlì cíhuì liàng bìng tígāo tīnglì
技能
jìnéng。

韓国ドラマ、映画、K-POP: 韓国メディアにぜひ足を踏み入れてみてください。韓国ドラマや映画を見たり、K-POPの歌を聴いたりすると、語彙力を身につけ、リスニングのスキルアップに役立ちます。

Korean Dramas, Movies, and K-pop: Immerse yourself in Korean media. Watching Korean dramas, movies, or listening to K-pop songs can help you build vocabulary and improve your listening skills.

◆ 말하기 연습하기 练习口语 liànxí kǒuyǔ スピーキング練習 Practice speaking

언어 교환 파트너: 언어 교환 파트너를 찾거나 언어 모임에 참여하자. 원어민과 대화를 나누면 말하기 능력이 향상된다. 몰입하자. 한국어로 자신을 둘러싸자. 집에 있는 물건에 한국어 라벨을 붙이고, 한국어로 생각하고, 큰 소리로 말하는 연습을 해보자.

语言 交换 合作 伙伴 寻找 语言 交换 合作
yǔyán jiāohuàn hézuò huǒbàn: xúnzhǎo yǔyán jiāohuàn hézuò
伙伴 或 参加 语言 聚会 与 母语 人士 交谈 将 提高
huǒbàn huò cānjiā yǔyán jùhuì。yǔ mǔyǔ rénshì jiāotán jiāng tígāo

您 的 口语 技巧　沉浸 在 韩语 中　给家里的 物品 贴
nín de kǒuyǔ jìqiǎo。chénjìn zài hányǔ zhòng。gěi jiālǐ de wùpǐn tiē

上　标签 用　韩语 思考 并　练习　大声　说话
shàng biāoqiān, yòng hányǔ sīkǎo, bìng liànxí dàshēng shuōhuà。

言語交換パートナー:言語交換パートナーを見つけるか、言語ミーティングに参加してください。ネイティブと会話をすると、スピーキング能力が向上します。 没頭してください 韓国語で自分を囲んでください。家にある物に韓国語のラベルを貼って、韓国語で考えて、大声で話す練習をしてみてください。

Language Exchange Partners: Find language exchange partners or join language meetups. Conversing with native speakers will enhance your speaking skills. Immerse Yourself. Surround yourself with the Korean language. Label objects in your home, think in Korean, and practice speaking aloud.

◆ 문법 및 문장 구조 　语法 和 句子 结构 yǔfǎ hé jùzǐ jiégòu 文法および文章構造 Grammar and sentence structure

한국어 문법: 한국어 문법을 체계적으로 공부하자. 문장 구조, 동사 활용법, 경어법을 이해하자.

韩语　语法　系统　学习　韩语　语法 　了解　句子　结构　动词
hányǔ yǔfǎ: xìtǒng xuéxí hányǔ yǔfǎ。liǎojiě jùzǐ jiégòu, dòngcí

活用 和敬语
huóyòng hé jìngyǔ。

韓国語文法: 韓国語ご文法を体系的に勉強してください。文章構造、動詞の活用法、敬語を理解してください。

Korean Grammar: Study Korean grammar systematically. Understand sentence structure, verb conjugations, and honorifics.

◆ 문화적 맥락 wénhuà bèijǐng 文化的脈絡 Cultural context

한국 문화에 대해 알아보자. 문화적 뉘앙스를 이해하면 언어 이해력이 깊어진다. 한국의 관습, 전통, 에티켓을 살펴보자.

了解韩国文化。了解文化的细微差别将加深
liǎojiě hánguó wénhuà。liǎojiě wénhuà de xìwéi chābié jiāng jiāshēn

您的语言理解能力探索韩国的习俗 传统和礼仪
nín de yǔyán lǐjiě。nénglì tànsuǒ hánguó de xísú, chuántǒng hé lǐyí。

韓国文化について調べてみてください:文化的ニュアンスを理解すると、言語の理解力が深まります。韓国の慣習、伝統、エチケットをご覧ください。

Learn about Korean culture. Understanding cultural nuances will deepen your language comprehension. Explore Korean customs, traditions, and etiquette.

2. 언어 유형

语 言 类 型
yǔyán lèixíng 言語(げんご) タイプ Language type

2.1. 고립어 gūliyǔ 孤立語(こりつご) Isolating language

고립어는 어형 변화나 접사 따위가 없고, 그 실현 위치에 의하여 단어가 문장 속에서 가지는 여러 가지 관계가 결정되는 언어이다. 중국어, 타이어, 베트남어 따위가 있다.

孤立语 没 有 词形 变化 或 词缀 等 根据 其 实现
gūliyǔ méiyǒu cíxíng biànhuà huò cízhuì děng, gēnjù qí shíxiàn

位置 决定 单词 在 文章 中 的 各种 关系 的
wèizhì juédìng dāncí zài wénzhāng zhōng dì gèzhǒng guānxì de

语言 有 中 文 泰语 越 南 语 等等
yǔyán。yǒu zhōngwén, tàiyǔ, yuènányǔ dengděng。

孤立語(こりつご)は語形変化(ごけいへんか)や接辞(せつじ)などがなく、その実現位置(じつげんいち)によって単語(たんご)が文章(ぶんしょう)の中(なか)で持(も)つ色々(いろいろ)な関係(かんけい)が決定(けってい)される言語(げんご)。中国語(ちゅうごくご)、タイ語(ご)、ベトナム語(ご)などがある。

An isolating language is a language in which there is no change in word form or suffix, and various relationships that a word has in a sentence are determined by its realization location. Ex) Chinese, Thai, Vietnamese, etc.

산이 높다. 높은 산
山高。 高山
shāngāo。gāoshān

やま たか たか やま
山が高い。高い山

The mountain is high. A high mountain

2.2. 굴절어 qūzhéyǔ 屈折語 Inflectional language

굴절어는 어형과 어미의 변화로써 단어가 문장 속에서 가지는 여러 가지 관계를 나타내는 언어를 이른다. 인도·유럽어족에 속한 대부분의 언어가 이에 속한다.

屈折语是 词形和词尾的 变化 是 表现 单词在
qūzhéyǔ shì cíxíng hé cíwěi de biànhuà, shì biǎoxiàn dāncí zài

句子中 各种 关系的语言 属于印欧语系的大部分
jùzi zhōng gèzhǒng guānxì de yǔyán。shǔyú yìnōuyǔ xì de dàbùfen

语言都 属于这 一类
yǔyán dōu shǔyú zhè yílèi。

くっせつご ごけい ごび へんか たんご ぶんしょう なか も さまざま
屈折語は、語形と語尾の変化で、単語が文章の中で持つ様々な
かんけい あらわ げんご さ ごぞく ぞく
関係を表す言語を指す。インド・ヨーロッパ語族に属するほとんどの
げんご ぞく
言語がこれに属する。

An inflectional language refers to a language that expresses the various relationships that a word has in a sentence by changing the form and ending. Most languages belonging to the Indo-European language family belong to this group.

She - her - her He - his - him man - men make - made

영어에서의 인칭관계대명사, 단수와 복수, 현재와 과거 등의 어형 변화의 예이다.

英 语 中 的 人 称 代 词 单 数 和 复 数 现 在 和
yīngyǔ zhōng dì rénchēng dàicí、dānshù hé fùshù、xiànzài hé

过 去 等 词 形 变 化 的 例子
guòqù děng cíxíng biànhuà de lìzi。

英語における人称代名詞、単数と複数、現在と過去などの語形変化の例である。

Examples of changes in the form of words such as personal pronouns, singular and plural, present and past in English.

2.3. 교착어 niánzhuóyǔ 膠着語 Agglutinative language

교착어는 실질적인 의미를 가진 단어 또는 어간에 문법적인 기능을 가진 요소가 차례로 결합함으로써 문장 속에서의 문법적인 역할이나 관계의 차이를 나타내는 언어이다. 한국어·터키어·일본어·핀란드어 따위가 여기에 속한다.

黏 着 语 是 指 在 具有 实际 意义 的 单词 或 单词
niánzhuóyǔ shì zhǐ zài jùyǒu shíjì yìyi de dāncí huò dāncí

之间 依次 结合 具有 语法 功 能 的要素 从而 表示
zhījiān yīcì jiéhé jùyou yufǎ gōngnéng de yàosù, conger biǎoshì

文 章 中 语法作用 或 关系差异的语言 韩语
wénzhāng zhōng yufǎ zuòyong huò guānxì chàyì de yǔyán。hányǔ、

土耳其语 日语 芬兰语 都 属于 这 一类
tuěrqíyǔ、rìyǔ、fēnlányǔ dōu shǔyú zhè yílèi。

膠着語は、実質的な意味を持つ単語または語幹に文法的な機能を持つ要素が順に結合することで、文章の中での文法的な役割や関係の違いを表す言語である。韓国語・トルコ語・日本語・フィンランド語などがここに属する。

An agglutinative language is a language that shows differences in grammatical roles or relationships in sentences by sequentially combining words with practical meaning or elements with grammatical functions between words. Korean, Turkish, Japanese, Finnish, etc. belong to this category.

3. 체언

体词 たいげん
tǐcí 体言 Substantive

체언은 명사, 대명사, 수사를 통틀어 이르는 말이다.
体词 是 名 词 代词 数词 的 总 称
tǐcí shì míngcí、dàicí、shùcí de zǒngchēng。

たいげん めいし だいめいし すうし い ことば
体言は名詞、代名詞、数詞をひっくるめて言う言葉である。

A substantive refers to noun, pronoun, and numeral.

3.1. 명사 míngcí 名詞 Noun

명사는 사물 또는 개념의 이름이다.
名 词 是 事 物 或 概 念 的 名 字
míngcí shì shìwù huò gàiniàn de míngzì。

めいし じぶつ がいねん なまえ
名詞は事物または概念の名前である。

A noun is the name of a thing or concept.

◆ 보통명사와 고유명사 pǔtōng míngcí hé gùyǒu míngcí 普通名詞と
固有名詞 Common noun and proper noun

보통명사는 같은 종류의 모든 사물에 두루 쓰이는 명사이다.

普通名词是用于同类事物的名词
pǔtōng míngcí shì yòngyú tónglèi shìwù de míngcí。

普通名詞は同じ種類のすべての事物にあまねく使われる名詞である。

A common noun is a noun used for all things of the same kind.

- 학생 xuésheng 学生 student
- 학교 xuéxiào 学校 school
- 도서관 túshūguǎn 図書館 library
- 은행 yínháng 銀行 bank
- 식당 shítáng 食堂 restaurant, cafeteria
- 우체국 yóujú 郵便局 post office
- 보건소 wèishēngyuàn 保健所 health center
- 서점 shūdiàn 書店 bookstore
- 가방 bāo かばん bag

고유명사는 고유한 사물, 사람, 도시 등의 이름에 쓰이는 명사이다.

固有名词是 用于固有的事物人 城市 等
gùyǒu míngcí shì yòngyú gùyǒu de shìwu rén chéngshì děng
名字的名词
míngzi de míngcí。

固有名詞は固有の事物、人、都市などの名前に使われる名詞である。

Proper nouns are nouns used for the names of proper things, people, cities, etc.

- 인명 rénmíng 人名 person's name
- 지명 dìmíng 地名 place name
- 국가명 guójiā de míngzì 国名 country name
- 산 이름 shānmíng 山名 mountain name
- 강 이름 hémíng 川名 river name
- 한국 hánguó 韓国 Korea
- 중국 zhōngguó 中国 China
- 베트남 yuènán ベトナム Vietnam
- 몽골 měnggǔ モンゴル Mongolia
- 우즈베키스탄 wūzībiékèsītǎn ウズベキスタン Uzbekistan
- 미국 měiguó 米国 America
- 일본 rìběn 日本 Japan

3. 체언 25

◆ 일반명사와 추상명사 yìbān míngcí hé chōuxiàng míngcí 一般名詞と
抽象名詞 Concrete noun and abstact noun

일반명사는 구체적인 사물의 이름에 쓰이는 명사이다.

一般名词是用于具体事物名称的名词
yìbān míngcí shì yòngyú jùtǐ shìwù míngchèn de míngcí。

一般名詞は具体的な事物の名前に使われる名詞である。

Concrete nouns are nouns used to name things.

- 기숙사 sùshè 寮 dormitory
- 운동장 yùndòngchǎng 運動場 playground
- 연필 qiānbǐ 鉛筆 pencil
- 소년 shàonián 少年 boy
- 소녀 shàonǚ 少女 girl
- 가족 jiātíng 家族 family
- 책상 shūzhuō 机 shūzhuō(r) desk
- 의자 yǐzi 椅子 chair
- 컴퓨터 diànnǎo パソコン computer
- 휴대폰 shǒujī ケータイ mobile phone, cellphone
- 전화 diànhuà 電話 telephone

추상명사는 추상적인 개념을 나타내는 명사이다.

抽 象 名 词 是 表 示 抽 象 概 念 的 名 词
chōuxiàng míngcí shì biǎoshì chōuxiàng gàiniàn de míngcí。

抽象名詞は抽象的な概念を表す名詞である。

Abstract nouns are nouns that denote abstract concepts.

- 사랑 ài 愛 love
- 희망 xīwàng 希望 hope
- 추억 huíyì 思い出 memory
- 감동 gǎndòng 感動 impression
- 공평 gōngpíng 公平 equity
- 감정 gǎnqíng 感情 emotion

- 우정 yǒuyì 友情 friendship
- 성실 chéngxìn 誠実 sincerity
- 느낌 gǎnjué 感覚 feeling
- 정신 jīngshén 精神 mind

◆ 자립명사와 의존명사 zìlì míngcí hé yīcún míngcí 自立名詞と依存名詞 Free noun and bound noun

자립명사는 다른 말의 도움을 받지 아니하고 단독으로 쓰일 수 있는 명사이다.

自立 名 词 是 不 需 要 其他 语言 的 帮助 可以 单 独
zìlì míngcí shì bù xūyào qítā yǔyán de bāngzhù, kěyǐ dāndú

使用 的 名词
shǐyòng de míngcí。

自立名詞(じりつめいし)は他(た)の言葉(ことば)の助(たす)けを受(う)けずに単独(たんどく)で使(つか)われる名詞(めいし)である。

A free noun is a noun that can be used alone without the help of other words.

- 사람 rén 人(ひと) person, human
- 어른 dàren 大人(おとな) adult
- 가족 jiāzú 家族(かぞく) family
- 어린이 xiǎohái 児童(じどう) child, kid
- 물건 wùjiàn 物(もの) thing
- 일 shì 事(こと) work
- 장소 chǎng 場所(ばしょ) place
- 국가 guójiā 国家(こっか) nation

의존명사는 의미가 형식적이어서 다른 말에 기대어 쓰이는 명사이다. 관형어를 필수적으로 요구한다.

依存 名词 是 意思 形式 上 依靠 其他 语言 使用 的 名词。依存名词要求定语
yīcún míngcí shì yìsi xíngshì shàng, yīkào qítā yǔyán shǐyòng de míngcí。yīcún míngcí yāoqiú dìngyǔ。

依存名詞(いぞんめいし)は意味(いみ)が形式的(けいしきてき)なので、他(た)の言葉(ことば)に頼(たよ)って使(つか)われる名詞(めいし)である。依存名詞(いぞんめいし)は冠形語(かんけいご)を必須的(ひっすてき)に要求(ようきゅう)する。

A bound noun is a noun whose meaning is formal and is used

depending on other words. It requires an adnominal.

첫째, 모든 문장성분으로 두루 쓰이는 보편성 의존명사로, '분', '이', '것', '데' 등이 있다.
第一 作为 所有 句子 成 分 广 泛 使用 的 普 遍性
dìyī, zuòwéi suǒyǒu jùzǐ chéngfèn guǎngfàn shǐyòng de pǔbiànxìng

依存名词 有   等
yīcún míngcí, yǒu "분"、"이"、"것"、"데" děng。

第一に、すべての文章成分に広く使われる普遍性依存名詞として、「분」、「이」、「것」、「데」などがある。

First, universal bound nouns that are used in all sentence components include '분', '이', '것', and '데'.

담배는 건강에 해로운 것이다.
 抽 烟 有 害 健 康
chōuyān yǒuhài jiànkāng。

タバコは健康に悪いものである。

Tobacco is unhealthy.

둘째, 주어로만 쓰이는 주어성 의존명사로, '지', '수', '리' 등이 있다.
第二 只 用作 主语 的 主语性 依存名词 有
dìèr, zhǐ yòngzuò zhǔyǔ de zhǔyǔxìng yīcún míngcí, yǒu "지"、"수"、

           等
"리" děng。

第二に、主語として使われる主語性依存名詞めいしとして「지」、「수」、「리」などがある。

Second, subjective bound nouns used only as subjects include '지', '수', and '리'.

좋은 수가 생각나다.
想 到 了 好 办 法
xiǎngdào le hǎo bànfǎ。

いい手が思いつく。
て　おも

I can think of a good one.

셋째, 서술어로만 쓰이는 서술성 의존명사로, '따름', '뿐', '터' 등이 있다.
第三 只 作 为 叙 述 性 依 存 名 词 有
dìsān, zhǐ zuòwéi xùshùxìng yīcún míngcí, yǒu "따름"、"뿐"、"터"

等
děng。

第三に、述語として使われる叙述性依存名詞で、「따름」、「뿐」、
だいさん　じゅつご　　　つか　　　　じょじゅつせい いぞん　めいし
「터」などがある。

Third, predicative bound nouns used only as predicate words include '따름', '뿐', and '터'.

나는 너를 만나러 왔을 따름입니다.
我 只 是 来 见 你
wo zhǐ shì lái jiàn nǐ。

私はあなたに会いに来ただけである。
わたし　　　　　　あ　　　き

I just came to see you.

넷째, 부사어로만 쓰이는 부사성 의존명사로, '만큼', '채', '뻔', '줄',

대로' 등이 있다.

第四 作为 状语 使用 的 副词性 依存 名词 有
dìsì, zuòwéi zhuàngyǔ shǐyòng de fùcíxìng yīcún míngcí, yǒu "만큼"、"채"、"뻔"、"줄"、"대로" 等 děng。

第四に、副詞語(ふくしご)だけに使(つか)われる副詞性依存名詞(ふくしせいいぞんめいし)として、「만큼」、「채」、「뻔」、「줄」、「대로」などがある。

Fourth, adverbial bound nouns used only as adverbial include '만큼', '채', '뻔', '줄', and '대로'.

너는 노력한 만큼 대가를 얻다.
你 一 分 耕 耘 一 分 收 获
nǐ yì fēn gēngyún yì fēn shōuhuò。

あなたは努力(どりょく)しただけの代価(だいか)を得(え)る。

You get paid for your hard work.

다섯째, 물건의 수량이나 분량 따위의 단위를 나타내는 단위성 의존명사가 있다.

第五 有 表示 物品 数量 或 分量 等 单位 的
dìwǔ, yǒu biǎoshì wùpǐn shùliàng huò fēnliàng děng dānwèi de

单位性 依存 名词
dānwèixìng yīcún míngcí。

物(もの)の数(かず)や分量(ぶんりょう)などの単位(たんい)を表(あらわ)す依存名詞(いぞんめいし)がある。

Fifth, there is a unit-bound noun that represents a unit such as the number or quantity of an object.

▶ **개(個)**: 일반적인 수량을 나타낸다. 한 개, 두 개, 세 개

　　　表 示　一 般 的　数 量
"개" biǎoshì yìbān de shùliàng。

「개」は一般的な数量を表す。
（いっぱんてき　すうりょう　あらわ）

'개' refers to a typical quantity.

▶ **대(台)**: 대형 물체나 기기를 나타낼 때 사용된다. 자동차 한 대, 컴퓨터 1대

　　　用 于 表 示　大型　物 体 或　机器
"대" yòngyú biǎoshì dàxíng wùtǐ huò jīqì。

「대」は大型物体や機器を表す時に使われる。
（おおがたぶったい　き　あらわ　とき　つか）

'대' is used to refer to large objects or devices.

▶ **장(張)**: 평면적인 것을 세는 데 사용된다. 종이 한 장, 사진 한 장.

　　　用　来 数　平 面　上　的 东 西
"장" yòng láishù píngmiàn shàng dí dōngxi。

「장」は平面的なものを数えるのに使われる。
（へいめんてき　かぞ　つか）

'장' is used to count flat things.

▶ **병(瓶)**: 액체나 액체를 담고 있는 용기를 나타낼 때 사용된다. 물 한 병, 사이다 한 병

　　　用 于 表 示　盛　装　液体 或　液体的 容 器
"병" yòngyú biǎoshì shèngzhuāng yètǐ huò yètǐ de róngqì。

「병」は液体や液体を含んでいる容器を表す時に使われる。
（えきたい　えきたい　ふく　ようき　あらわ　とき　つか）

'병' is used to refer to liquids or containers containing liquids.

▶ **그릇**: 음식을 담는 그릇을 나타낼 때 사용된다. 밥 한 그릇

"그릇" 是 用来 表示 盛 食物 的 器皿。
"그릇" shì yònglái biǎoshì sheng shíwù de qìmǐn。

「그릇」は食べ物を盛る器を表す時に使われる。

'그릇' is used to refer to a bowl for food.

▶ **권(卷)**: 책이나 문서를 나타낼 때 사용된다. 책 한 권, 웹툰 한 권

"권" 用 于 表 示 书 籍 或 文 件。
"권" yòngyú biǎoshì shūjí huò wénjiàn。

「권」は本や文書を表す時に使われる。

'권' is used to represent a book or document.

▶ **명(名)**: 사람의 수를 세는 데 사용된다. 친구 한 명, 학생 한 명.

"명" 是 用来 数 人 的。
"명" shì yònglái shù rén de。

「명」は人の数を数えるのに使われる。

'명' is used to count the number of people.

▶ **그루**: 나무나 식물을 세는 데 사용된다. 나무 한 그루

"그루" 被 用来 数 树 或 植 物。
"그루" bèi yònglái shùshù huò zhíwù。

「그루」は木や植物を数えるのに使われる。

'그루' is used to count trees or plants.

■참고: '중'의 용법 "중" de yòngfǎ 「중」の用法 Usage of '중'

'중'은 자립명사와 의존명사로 모두 쓰인다. '중'이 자립명사로 쓰일 때는 '등급, 수준, 차례에서 가운데'의 의미이다. '중'이 의존명사로 쓰일 때는 '여럿의 가운데'와 '무엇을 하는 동안'의 의미를 갖는다.

"중" zuòwéi zìlì míngcí hé yīcún míngcí dōu shǐyòng。"중" yòngzuò zìlì míngcí shí, shì "děngjí、shuǐpíng、shùnxu zhōng" dí yìsi。"중" bèi yòngzuò yīcún míngcí shí, jùyǒu "zhòng zhōngjiān" hé "zuò shénme qījiān" de yìyi。

「중」は自立名詞と依存名詞の両方に使われる。「중」が自立名詞として使われる時は「等級、水準、順番から真ん中」の意味である。「중」が依存名詞として使われる時は「色々な中」と「何している間」の意味いみを持つ。

'중' can be used as both free and bound noun. When '중' is used as a free noun, it means 'in the middle of a class, level, or sequence'. When used as a bound noun, it means 'in the middle of a group of people' and 'while doing something'.

나는 성적이 반에서 중이다. (자립명사)
wǒ de chéngjì zhōngděng le。
私は成績がクラスで中である。

My grades are in the middle of the class.

그는 영웅 중의 영웅이다. (의존명사)

他 是 英 雄 中 的 英 雄
tā shì yīngxióng zhōng dì yīngxióng。

かれ えいゆう なか えいゆう
彼は英雄の中の英雄である。

He is one of the heroes.

나는 도서관에서 공부 중이다. (의존명사)

我 在 图 书 馆 学 习
wǒ zài túshūguǎn xuéxí。

わたし としょ かん べんきょうちゅう
私は図書館で勉強中である。

I am studying in the library.

3.2. 대명사 dàicí 代名詞 Pronoun

대명사는 사람이나 사물의 이름을 대신 나타내는 말이다.

代 词 是 表 示 人 或 事 物 的 名 字
dàicí shì biǎoshì rén huò shìwù de míngzì。

だいめいし ひと もの なまえ だい あらわ ことば
代名詞は人や物の名前を代わりに表す言葉である。

A pronoun is a word that takes the name of a person or thing instead.

◆ 인칭대명사 rénchēng dàicí 人称代詞 Personal pronoun

인칭대명사는 사람을 가리키는 대명사이다.

人称 代词 是 指 人 的 代词
rénchēng dàicí shì zhǐ rén de dàicí。

にんしょうだいめいし　ひと　さ　だいめいし
人称代名詞は人を指す代名詞である。

A personal pronoun is a pronoun that refers to a person.

단수 单数 dānshù	나/저 我 wǒ	너/당신 你 您 nǐ/ nín	그 他 tā	그녀 她 tā	누구 谁 shéi
たんすう 単数	わたし/わたくし	あなた	かれ 彼	かのじょ 彼女	だれ 誰
simple	I	You	He	She	who
복수 复数 fùshù	우리 我 们 wǒmen	너희(들)/당신들 你们 nǐmen	그들 他们 tāmen	그녀들 她们 tāmen	
ふくすう 複数	われわれ	きみ 君たち/あなた たち	かれ 彼ら	かのじょ 彼女たち	
plural	We	You	They	They	

나(우리)의 소망
我 我们 的 愿 望
wǒ (wǒmen) de yuànwàng

わたし　われ　のぞ
私 (我ら)の望み

My (our) wish

■참고: '내'와 '우리' "내" hé "우리" 「내」と「우리」 '내' and '우리'

'나'는 주격 조사 '가'나 보격 조사 '가'가 붙으면 '내'가 된다. '우리'는 단순히 '나'의 복수만을 뜻하지 않고 단수로 쓰이기도 한다.

只要加上 主格助词 或补格助词 就是
"나" zhǐyào jiāshàng zhǔgé zhùcí "가" huò bǔgé zhùcí "가" jiùshì "내"。 "

不仅仅 代表 的复数还 用作 单数
우리" bùjǐnjǐn dàibiao "나" de fùshù, hái yòngzuò dānshù。

「나」は主格助詞「가」や補格助詞「가」が付くと「내」になる。「우리」は
単数に「나」の複數だけを意味せず、単数で使われることもある。

'나' becomes '내' when the subject case marker '가' or the complement case marker '가' is added. '우리' does not simply mean the plural of '나', but is also used in the singular.

내가 선생님이 되었다.

我 当 了 老师
wǒ dāng le lǎoshī。

私が先生になった。

I became a teacher.

내(우리) 집, 내(우리) 아버지, 내(우리) 엄마

我 家 我 爸爸 我 妈妈
wǒ jiā, wǒ bàba, wǒ māma

私の家、私の父、私の母

My home, my father, my mother

◆ 지시대명사 zhǐshì dàicí 指示代名詞 Demonstrative pronoun

지시대명사는 어떤 사물이나 처소 따위를 이르는 대명사이다.

指示代词是指任何事物或 处所的代词
zhǐshì dàicí shì zhǐ rènhé shìwu huò chùsuǒ de dàicí。

3. 체언 37

指示代名詞はある事物や居所などを指す代名詞である。

A demonstrative pronoun is a pronoun that refers to a thing or place.

근칭 近 称 jìnchēng	중칭 中 称 zhōngchēng	원칭 远 称 yuǎnchēng
이 이것 이것들 여기(장소)	그 그것 그것들 거기	저 저것 저것들 저기
这 zhè 这个 zhège 这些 zhèxiē		那 nà 那个 nàge 那些 nàxiē

중국어와 영어는 가까운 것과 먼 것 두 가지로 구분하지만, 한국어와 일본어는 화자와 청자의 거리에 따라 세 가지로 구분된다.

汉语和 英语 分为 近和 远 两 种 而 韩语和
hànyǔ hé yīngyǔ fēnwéi jìn hé yuǎn liǎng zhǒng, ér hányǔ hé

日语则根据 说话者 和 聽者 的距离分为 三种
rìyǔ zé gēnjù shuōhuà zhě hé tīngzhě de jùlí fēnwéi sānzhǒng。

中国語と英語は近いものと遠いものの2つに区分されるが、韓国語と日本語は話者と聴者の距離によって3つに区分される。

Chinese and English are divided into two types, near and far, but Korean and Japanese are divided into three according to the distance between the speaker and the listener.

● 근칭은 말하는 사람 가까이 있는 사람이나 사물·장소를 가리키는 일이다.

近 称　是 指　说 话 人　近 的 人　或　事 物　场 所
jìnchēng shì zhǐ shuōhuà rén jìn de rén huò shìwù、changsuǒ。

きんしょう　はなし　ひと　ちか　　　　　　ひと　もの　ばしょ　さ
近称は話す人の近くにいる人や物·場所を指すことである。

Geunching refers to a person, thing, or place that is close to the person speaking.

이것은 무엇입니까?
这　是　什　么
zhè shì shénme?

　　　　　なん
これは何ですか？

What is this?

● 중칭은 그리 멀지 아니한 곳에 있는 사람이나 사물을 가리키는 말이다.

中　称　是 指 不 远 处 的 人　或　事 物
zhōngchēng shì zhǐ bùyuǎnchù de rén huò shìwù。

ちゅうしょう　　　　　　とお　　　　　　　　　ひと　もの　さ　ことば
中称はそれほど遠くないところにある人や物を指す言葉である。

Jungching refers to a person or thing that is not far away.

네 옆에 있는 그것은 무엇이냐?
你　旁　边　那 个　是　什　么
nǐ pángbiān nàge shì shénme？

君のそばにあるそれは何だ？

What is it next to you?

• 원칭은 멀리 있는 사람이나 사물을 가리키는 일이다.

远 称 是 指 远 方 的 人 或 事 物
yuǎnchēng shì zhi yuǎnfāng de rén huò shìwù。

遠称は遠くにいる人や物を指すことである。

Wonching refers to a person or thing that is far away.

저것은 무엇입니까?

那 是 什么
nà shì shénme?

あれは何ですか？

What is that?

3.3. 수사 shùcí 数詞 Numeral

수사는 사물의 수량이나 순서를 나타낸다.

数 词 是 表 示 事 物 数 量 或 顺 序
shùcí shì biǎoshì shìwù shùliàng huò shùnxù。

数詞は物の数量や順序を表す。

A numeral refers to the quantity or order of things.

◆ 양수사 shùliàngcí 助数詞 Quantifier

양수사는 사물의 수량을 나타내는 수사이다.

数量词是表示物体数量的数词
shùliàngcí shì biǎoshì wùtǐ shùliàng de shùcí。

助数詞は、事物の数量を表す数詞である。

A quantifier is a numeral that represents the quantity of things.

• 하나, 둘, 셋, 넷, 다섯, 여섯, 일곱, 여덟, 아홉, 열, 스물, 서른, 마흔, 쉰, 예순, 일흔, 여든, 아흔, 백

일, 이, 삼, 사, 오, 육, 칠, 팔, 구, 십, 이십, 삼십, 사십, 오십, 육십, 칠십, 팔십, 구십, 백

一 二 三 四 五 六 七 八 九 十 二十 三十 四十 五十 六十
yí, èr, sān, sì, wǔ, liù, qī, bā, jiǔ, shí, èrshí, sānshí, sìshí, wǔshí, liùshí,

七十 八十 九十 百
qīshí, bāshí, jiǔshí, bǎi

一、二、三、四、五、六、七、八、九、十、二十、三十、四十、五十、
六十、七十、八十、九十、百

• one, two, three, four, five, six, seven, eight, nine, ten, twenty, thirty, forty, fifty, sixty, seventy, eighty, ninety, hundred

◆ 서수사 xùshùcí 序数詞 ordinal numeral

서수사는 대상의 순서를 가리키는 수사이다.

序数词是表示对象顺序的数词
xùshùcí shì biǎoshì duìxiàng shùnxù de shùcí。

序数詞(じょすうし)は対象(たいしょう)の順序(じゅんじょ)を示(しめ)す数詞(すうし)である。

Ordinal numerals are numerals that refer to the order of objects.

- 첫째, 둘째, 셋째, 넷째, 다섯째, 여섯째, --- 열째, 열한 번째, --- 스무째---

第一　第二　第三　第四　第五　第六　　第十　第十一　　第二十
dìyī, dìèr, dìsān, dìsì, dìwǔ, dìliù --- dìshí, dìshíyī --- dìèrshí ---

一番目(いちばんめ)，二番目(にばんめ)，三番目(さんばんめ)，四番目(よばんめ)，五番目(ごばんめ)，六番目(ろくばんめ)---十番目(じゅうばんめ)，
十一番目(じゅういちばんめ)---二十番目(にじゅうばんめ)---

First, Second, Third, Fourth, Fifth, Sixth --- Tenth, Eleventh --- Twentieth ---

4. 용언

谓 词 ようげん
wèicí 用言 Predicate

    용언은 문장에서 서술어의 기능을 하는 동사, 형용사를 통틀어 이르는 말이다. 용언은 문장 안에서의 쓰임에 따라 본용언과 보조 용언으로 나눈다.

谓词是指在句子中起到叙述语功能的动词、形容词的总称。谓词根据文章中的用途分为主谓词和辅助谓词。
wèicí shì zhǐ zài jùzi zhōng qǐ dào xùshùyǔ gōngnéng de dòngcí、xíngróngcí de zǒngchēng。wèicí gēnjù wénzhāng zhōng dì yòngtú fēnwéi zhǔwèicí hé fǔzhùwèicí。

用言は文章で述語の機能をする動詞、形容詞をあわせて指す言葉である。用言は文章の中での使い方によって本用言と補助用言に分ける。

    A predicate is a term that includes verbs and adjectives that function as predicates in a sentence. Predicates are divided into main predicates and auxiliary predicates according to their use in sentences.

4.1. 동사 dòngcí 動詞 Verb

동사는 사물의 동작이나 작용을 나타내는 품사이다.

动词是表示事物的动作或作用的词
dòngcí shì biǎoshì shìwù de dòngzuò huò zuòyòng de cí.

動詞は物の動作や作用を表す品詞である。

A verb is a part of speech that expresses a movement or action of an object.

◆ 자동사 zìdòngcí (bùjíwù dòngcí) 自動詞 Intransitive verb

자동사는 동작이나 작용이 주어에만 미치는 동사이다.

自动词是动作或作用只涉及主语的动词
zìdòngcí shì dòngzuò huò zuòyòng zhǐ shèjí zhǔyǔ de dòngcí.

自動詞は動作や作用が主語にだけ及ぼす動詞である。

Intransitive verbs are verbs whose action affects only the subject.

꽃이 피다. 花开了。huākāile。花が咲く。Blossom.

해가 솟다. 太阳升起来了。tàiyáng sheng qǐlái le。日が昇る。The sun rises.

의자에 앉다. 坐在椅子上。zuò zài yǐzi shàng。椅子に座る。sit in a chair

침대에 눕다. 坐在床上。zuò zài chuángshàng。寝台に横たわる。Lie in bed

차렷 자세로 서다. lìzhèng。気をつけの姿勢で立つ。Stand up straight

바퀴가 돌다. lún zǐ zhuǎndòng。車輪が回る。The wheel turns.

산이 보이다. wǒ kàn dào yīzuò shān。山が見える。I see a mountain.

밥이 잘 먹히다. fàn hǎochī。ご飯がよく食べられる。to eat well

◆ 타동사 tādòngcí (jíwùdòngcí) 他動詞 Transitive verb

타동사는 동작의 대상인 목적어를 필요로 하는 동사이다.
他动词是需要动作对象宾语的动词
tādòngcí shì xūyào dòngzuò duìxiàng bīnyǔ de dòngcí。
他動詞は動作の対象である目的語を必要とする動詞である。
Transitive verbs are verbs that require an object, the object of action.

나는 밥을 먹다. wǒ chīfàn。私はご飯を食べる。I eat rice.

나는 노래를 부르다. wǒ chànggē。私は歌を歌う。I sing.

사과를 깎다. xiāo píngguǒ pí りんごを削る。To slice an apple

책상 위에 책을 놓다. bǎ yī běn shū fàng zài zhuōzi shàng。机の上に本を置く。Place a book on a desk.

4. 용언 45

4.2. 형용사 xíngróngcí 形容詞 Adjective

형용사는 사물의 성질이나 상태를 나타내는 품사이다.

形 容 词 是 表 示 事 物 的 性 质 或 状 态 的 词
xíngróngcí shì biǎoshì shìwù de xìngzhi huò zhuàngtài de cí。

形容詞は物の性質や状態を表す品詞である。

Adjectives are parts of speech that express the nature or state of things.

◆ 성상형용사 xìngzhuàng xíngróngcí 性狀形容詞 Qualitative adjective

성상형용사는 사물의 성질이나 상태를 나타내는 형용사이다.

性 狀 形 容 詞 是 表 示 事 物 的 性 质 或
xìngzhuàng xíngróngcí shì biǎoshì shìwù de xìngzhi huò

状 态 的 形 容 词
zhuàngtài de xíngróngcí。

性狀形容詞は物の性質や状態を表す形容詞である。

A qualitative adjective is an adjective that represents the nature or state of an object.

사탕이 달다. 糖是甜的。táng shì tián de。飴が甘い。Candy is sweet.

나는 배가 고프다. 我饿了。wǒ èle。私はお腹がすいた。I am hungry.

장미꽃이 붉다. 玫瑰花红。méiguīhuā hóng。バラの花が赤い。Roses are red.

◆ 지시형용사 zhǐshì xíngróngcí 指示形容詞 Demonstrative adjective

지시형용사는 사물의 성질, 시간, 수량 따위가 어떠하다는 것을 형식적으로 나타내는 형용사이다.

指示形容词是一种形式上表示事物的
zhǐshì xíngróngcí shì yìzhǒng xíngshì shàng biǎoshì shìwù de

性质 时间 数量 什么的 形容词
xìngzhi、shíjiān、shùliàng shénme de xíngróngcí。

指示形容詞は、物の性質、時間、数量などがどうであるかを形式的に表す形容詞である。

A demonstrative adjective is an adjective that formally expresses the nature, time, quantity, etc. of a thing.

이러하다(이렇다)	그러하다(그렇다)	저러하다(저렇다)
如此	这样	那样
rúcǐ	zhèyàng	nàyàng
こうである	そうである	ああである
It's like this.	It's like that.	It's like that.

나는 이렇게 예쁜 꽃은 처음 본다.
我 第一次 看到 这么 漂亮 的 花
wǒ dìyícì kàndào zhème piàoliang de huā。

私はこんなにきれいな花は初めて見る。

I have never seen such a pretty flower.

4. 용언 **47**

4.3. 본용언과 보조용언 主谓词和辅助谓词 zhǔwèicí hé fǔzhùwèicí 本用言と補助用言
Main predicate and auxiliary predicate

◆ 본용언 主谓词 zhǔwèicí 本用言 Main predicate

본용언은 문장의 주체를 주되게 서술하면서 보조용언의 도움을 받는 용언이다.

主谓词 是 主要 叙述 句子 主体 的 同时 得到
zhǔwèicí shì zhǔyào xùshù jùzi zhǔtǐ de tóngshí dédào
辅助谓词的 帮助 的 谓词
fǔzhùwèicí de bāngzhù de wèicí。

本用言は文章の主体を主に叙述しながら 補助用言の助けを受る用言である。

The main predicate is a verb that mainly describes the subject of the sentence and is assisted by an auxiliary predicate.

나는 사과를 먹어 버렸다.
我 把 苹 果 吃 掉 了
wǒ bǎ píngguǒ chī diào le。

私はリンゴを食べてしまった。

I ate the apple.

나는 잠을 자고 싶다.
我 想 睡 觉
wǒ xiǎng shuìjiào。

私は眠りたい。

I want to sleep.

◆ 보조용언 fǔzhùwèicí 補助用言 Auxiliary predicate

보조용언은 본용언과 연결되어 그것의 뜻을 보충하는 역할을 하는 용언이다.

辅助谓词是与主谓词相联系起到补充其意思
fǔzhùwèicí shì yǔ zhǔwèicí xiāng liánxì, qǐ dào bǔchōng qí yìsī

作用 的谓词
zuòyòng de wèicí。

補助用言は本用言とつながり、その意味を補う役割をする用言である。

An auxiliary predicate is a predicate that is connected to the main predicate and serves to supplement its meaning.

나는 사과를 먹어 버렸다.
我把苹果吃掉了
wǒ bǎ píngguǒ chī diào le。

私はリンゴを食べてしまった。

I ate the apple.

▶ '버리다'는 앞말이 나타내는 행동이 이미 끝났음을 나타내는 말이다.

"버리다" 是 前面 表示 的 行动 已经 结束 的 意思
"버리다" shì qiánmiàn biǎoshì de xíngdòng yǐjīng jiéshù de yìsi。

4. 용언 49

「버리다」は前の言葉が表す行動がすでに終わったことを表す言葉である。

'버리다' indicates that the action described by the preceding phrase has already ended.

나는 잠을 자고 싶다.
我　想　睡觉
wǒ xiǎng shuìjiào。

私は眠りたい。

I want to sleep.

▶ '싶다'는 앞말이 뜻하는 행동을 하고자 하는 마음이나 욕구를 갖고 있음을 나타내는 말이다.

"싶다" 是 表 示 想 要 做 前言 所 代 表 的
shì biǎoshì xiǎng yào zuò qiányán suǒ dàibiǎo de
行 动 的 心 或 欲 望
xíngdòng de xīn huò yùwàng 。

「싶다」は前の言葉が意味する行動をしようとする心や欲求を持っていることを表す言葉である。

'싶다' is a way of saying that you have a desire or intention to do the action that the preceding word refers to.

▎참고: 본용언 '있다'와 보조용언 '있다'

主 谓 词　　　和 辅 助 谓 词
zhǔwèicí "있다" hé fǔzhùwèicí "있다"

本用言「있다」と補助用言「있다」

Main predicate '있다' and auxiliary predicate '있다'

본용언 '있다'는 사람이나 동물이 어느 곳에서 떠나거나 벗어나지 아니하고 머물다.

主 谓 词　　　的 人 或 动 物　不 会 离开 或 离开 任何
zhǔwèicí "있다" de rén huò dòngwù bú huì líkāi huò líkāi rènhé

地方 而 停 留
dìfāng ér tíngliú。

本用言「있다」は人や動物がどこから離れたり抜け出ずに留まるという意味である。

The main predicate '있다' is that a person or animal stays without leaving or moving somewhere.

내가 갈 테니 너는 학교에 있어라.

我 走 你 留 在 学 校
wǒ zǒu, nǐ liú zài xuéxiào。

私が行くからあなたは学校にいて。

I'll go, you stay in school.

보조용언 '있다'는 앞말이 뜻하는 행동이나 변화가 끝난 상태가 지속됨을 나타내는 말이다.

辅助谓词　　　是 一个 词 表示 前 一个 词 所 指 的
fǔzhùwèicí "있다" shì yīgè cí, biǎoshì qián yīgè cí suǒ zhǐ de

动 作 或 变 化 持续 的 状 态
dòngzuò huò biànhuà chíxù de zhuàngtài。

補助用言「있다」は前の言葉が意味する行動や変化が終わった状態が持続することを示す言葉である。

4. 용언　51

The auxiliary predicate '있다' is used to indicate that the action or change that the preceding word refers to has ended.

나는 깨어 있다.
我 醒 着
wǒ xǐng zhe 。

私は起きている。

I stay awake.

4.4. 활용과 어미 活用 和 词尾 huóyòng hé cíwěi 活用と語尾 Inflection and Ending

◆ 활용 活用 huóyòng 活用 Conjugation

활용은 용언의 어간이나 서술격 조사에 여러 어미가 붙어 문장의 성격을 바꾸는 것이다.

活用 是 指 在 用语 的 词干 或 叙述格助词 中
huóyòng shì zhǐ zài yòngyǔ de cígàn huò xùshùgézhùcí zhōng
加入 多个词尾 改变 文 章 的 性 质
jiārù duō gè cíwěi, gǎibiàn wénzhāng de xìngzhi。

活用は用言の語幹や叙述格助詞に変わる語尾がついて文章の性格を変えることである。

Conjugation is to change the character of a sentence by attaching a variable ending to the stem of a verb or predicate case marker.

◆ 규칙활용 guīzé huóyòng 規則活用 Regular conjugation

규칙활용은 동사와 형용사가 활용할 때 어간과 어미의 형태가 규칙적으로 변화한다.

規則活用 在 动词 和 形容词 使用 时 词干 和
guīzé huóyòng zài dòngcí hé xíngróngcí shǐyòng shí, cígàn hé

词尾 的 形态 有 规律 地 变化
cíwěi de xíngtài yǒu guīlù dì biànhuà。

規則活用は動詞と形容詞が活用する時に語幹と語尾の形が規則的に変化することである。

Regular conjugation means that the forms of stems and endings change regularly when verbs and adjectives are conjugated.

▶ 기본형 : 보다 kàn 見る see

철수가 영화를 보다. 철수야, 영화를 보자. 철수야, 영화를 보아라.
哲洙 看 电影 哲洙 一起 看 电影 吧 哲洙 去 看
zhézhū kàn diànyǐng。 zhézhū, yìqǐ kàn diànyǐng ba。 zhézhū, qù kàn

电影 吧
diànyǐng ba。

チョルスが映画を見る。チョルス、映画を見よう。チョルス、映画を見なさい。

Cheolsu watches a movie. Cheolsu, let's watch a movie. Cheolsu, watch a movie.

■참고: 기본형 jīběnxíng 基本形 Base form

기본형은 활용하는 단어에서 활용형의 기본이 되는 형태이다. 한국어에서는 어간에 어미 '-다'를 붙인다.

基本形 是 使用 的 单词 中 活用形 的 基本
jīběnxíng shì shǐyòng de dāncí zhōng huóyòngxíng de jīběn
形态。在韩语 中， 在 词干 上 加上 词尾
xíngtài. zài hányǔ zhōng, zài cígàn shàng jiāshàng cíwěi "-다"。

基本形は活用する単語から活用形の基本となる形である。韓国語では語幹に語尾「-다」をつける。

The base form is the form that is the base of the conjugation in a conjugated word. In Korean, the ending '-다' is added to the stem.

◆ 불규칙활용 bùguīzé huóyòng 不規則活用 Irregular conjugation

불규칙활용은 동사와 형용사가 활용할 때 어간과 어미의 형태가 불규칙적으로 변화하는 것이다.

不规则 活用 是 指 动词 和 形容词 活用 时，
bùguīzé huóyòng shì zhǐ dòngcí hé xíngróngcí huóyòng shí,
词干 和 词尾 的 形态 发生 不规则 的 变化
cígàn hé cíwěi de xíngtài fāshēng bùguīzé de biànhuà。

不規則活用は動詞と形容詞が活用する時に語幹と語尾の形が不規則的に変化することである。

Irregular conjugation is the irregular change in the shape of the stem and the ending when verbs and adjectives use it.

▶ 기본형 : 듣다 tīng 听 聞 listen

철수가 음악을 듣다. 철수야, 음악을 듣자. 철수야, 음악을 들어라.
哲洙 听 音乐。哲洙, 听 音乐 吧。哲洙, 听 音乐 吧。
zhézhū tīng yīnyuè。zhézhū, tīng yīnyuè ba。zhézhū, tīng yīnyuè ba。

チョルスが音楽を聞く。チョルス、音楽を聞こう。チョルス、音楽を聞け。

Cheolsu listen to Music. Cheolsu, let's listen to music. Cheolsu, let's listen to music.

◆ 어미 cíwěi 词尾 語尾 Ending

어미는 용언 및 서술격 조사가 활용할 때 변하는 부분이다.
词尾 是 活用 谓词 及 叙述 格 助词 而 变化 的 部分。
cíwěi shì huóyòng wèicí jí xùshùgézhùcí ér biànhuà de bùfen。

語尾は用言および叙述格助詞が活用して変わる部分である。

Endings are the part that changes when predicative and predicate case markers are conjugated.

◆ 선어말어미 xiānyǔmòcíwěi 先语末词尾 先語末語尾 Prefinal ending

선어말어미는 어말어미 앞에 나타나는 어미이다.
先语末词尾 是 出现 在 语末词尾 前 的 词尾
xiānyǔmòcíwěi shì chūxiàn zài yǔmòcíwěi qián de cíwěi。

先語末語尾は、オマル語尾の前に現れる語尾である。

The prefinal ending is the ending that appears before the final ending.

◇ 주체 높임법 zhǔyǔ jìngyǔ 主体敬語法 Subject honorification

주체 높임법은 용언의 어간에 높임의 선어말어미 '-시-'를 붙여 문장의 주체를 높여 표현한다.

主语 敬语 通过 在 谓 词 词干 上 添加 敬语 词尾
zhǔyǔ jìngyǔ tōngguò zài wèicí cígàn shàng tiānjiā jìngyǔ cíwěi
来 表达
"-시-" lái biǎodá。

主体敬語法は用言の語幹に敬語の先語末語尾「-시-」を付けて文章の主体を高めて表現する。

The subject honorification respects the subject of a sentence by attaching the honorific prefinal ending '-시-' to the stem of the word.

아버지가 왔다. (오 + 았 + 다) → 아버지께서 오시었다. (오 + 시 + 었 + 다)
爸爸 来 了
bàba lái le。

お父さんが来た。→ 父が来られた。
My father is here.

선생님이 강의를 한다. (하 + ㄴ다) → 선생님께서 강의를 하신다.(하 + 시 + ㄴ다)
老师 讲 课
lǎoshī jiǎngkè。

先生(せんせい)が講義(こうぎ)をする。→ 先生(せんせい)が講義(こうぎ)をされる。

The teacher gives a lecture.

선생님께서 잡으셨다. (잡 + 으시 + 었 + 다)

老师 抓 住 了
lǎoshī zhuāzhù le。

先生(せんせい)が捕(つか)まえた。

The teacher caught it.

▶ -으시-: 'ㄹ' 이외의 자음으로 끝난 어간 뒤에 붙는다.

"-으시" 是 在 "ㄹ" 以外 的 辅音 结尾 的 词干 后面 加 的
shì zài "ㄹ" yǐwài de fǔyīn jiéwěi de cígàn hòumiàn jiā de。

「-으시-」は「ㄹ」以外(いがい)の子音(しいん)で終(お)わった語幹(ごかん)の後(あと)に付(つ)く。

The '-으시-' is followed by a word that ends with a consonant other than the 'ㄹ'.

■참고: 특수 어휘에 의한 높임법 特殊 词汇 的 敬语法 tèshū cíhuì de jìngyǔfǎ 特殊語彙(とくしゅごい)による敬語法(けいごほう) Honorification by special vocabulary

한국어는 특수 어휘에 의하여 남을 높이거나 자기를 낮추어서 상대편을 존대하는 방법이 있다. 예를 들면, '저'는 '나'를 낮추는 말이고, '선생님, 아버님' 등은 높여야 할 대상을 직접 높이는 말이다. 또한 '주무시다, 잡수시다(드시다)' 등은 높여할 대상의 행위를 직접 높이는 말로서 '주무시다'는 '잠자다'를 '잡수시다(드시다)'는 '먹다'를 높인 말이다.

韩语 有 根据 特殊 词汇 抬高 别人 或 贬低 自己 来 尊 重
hányǔ yǒu gēnjù tèshū cíhuì táigāo biérén huò biǎndī zìjǐ lái zūnzhòng

对方 的 方法 例如 是 降低 的意思 等
duìfāng de fāngfǎ。lìrú,"저" shì jiàngdī "나" de yìsi,"선생님, 아버님" děng

是 直接 提高 需要 提高 的 对 象 的 意思 另外
shì zhíjiē tígāo xūyào tígāo de duìxiàng de yìsi. lìngwài, "주무시다, 잡수시다

(드시다)" 等 是 直接 提高 要 提高 的 对 象 行 为 的 意思 是
děng shì zhíjiē tígāo yāo tígāo de duìxiàng xíngwéi de yìsi, shì

"주무시다" shì "잠자다" de tígāo、"잡수시다(드시다)" shì "먹다" de tígāo。

韓国語は特殊語彙によって人を高くしたり、自分を低くして相手を尊敬する方法がある。例えば、「저」は「나」を低くする言葉で、「선생님、아버님」などは高めるべき対象を直接高める言葉である。また、「주무시다、잡수시다(드시다)」などは、高める対象の行為を直接高める言葉として、「주무시다」は「잠자다」を「잡수시다(드시다)」は「먹다」を高めた言葉である。

In Korean, there is a way to respect the other person by raising others or lowering oneself according to a special vocabulary. For example, '저' is a word that lowers me, and '선생님, 아버님' is a word that directly raises the object to be raised. In addition, '주무시다, 잡수시다(드시다)' is a word that directly enhances the behavior of an object to be raised, and '주무시다' is a word that enhances '잠자다' and '잡수시다(드시다)' is a word that enhances '먹다'.

◇ 시제 shítài 時制 Tense

시제는 어떤 사건이나 사실이 일어난 시간 선상의 위치를 표시하는 문법 범주이다.

时 态 是 一个 语法 类别 表 示 事 件 或 事 实 发 生 的
shítài shì yīgè yǔfǎ lèibié, biǎoshì shìjiàn huò shìshí fāshēng de

时间位置
shíjiān wèizhì。

時制はある事件や事実が起きた時間線上の位置を表示する文法範疇である。

Tense is a grammatical category that indicates where on the time line an event or fact occurs.

■ 현재시제 xiànzàishí 現在時制 Present tense

현재시제는 말하는 시점을 기준으로, 말하는 시점과 표현하고자 하는 일이나 상태의 시점이 같은 시제이다.

现在时是说话的时间点与所表达的事件
xiànzàishí shì shuōhuà de shíjiān diǎn yǔ suǒ biǎodá de shìjiàn

或状态的时间点相同的时态
huò zhuàngtài de shíjiān diǎn xiāngtóng de shítài。

現在時制は話す時点を基準に、話す時点と表現しようとすることや状態の時点が同じ時制である。

The present tense is the tense in which you are speaking, and the time you are speaking is the same as the time of the action or state you are describing.

나는 밥을 먹는다. (먹- + -는- + -다)
我吃饭
wǒ chīfàn。

私はご飯を食べる。

I eat rice.

아버지께서 소리를 들으시는구나! (들- + -으시- + -는- + -구나)
爸爸　听　声　音　啊
bàba tīng shēngyīn a！

お父さんが音を聞くんですね！

Your father listens to the sound!

▶ -는: 'ㄹ'을 제외한 받침 있는 동사 어간 또는 어미 '-으시-' 뒤에 붙거나 다른 어미 앞에 붙는다.

　　　　　　除　　外　带　有　收　音　的　动　词　词干　或　词尾
"-는-" chú "ㄹ" wài, dàiyou shōuyīn de dòngcí cígàn huò cíwěi
　　　　　后　面　　或　贴　在　其他　词尾　前　面
"-으시-" hòumiàn, huò tiē zài qítā cíwěi qiánmiàn。

「-는-」は「ㄹ」を除いた終声のある動詞の語幹または語尾「-으시-」の後ろに付くか、他の語尾の前に付く。

'-는-' is attached to a verb stem with a consonant letter except 'ㄹ', or after the ending '-으시-' or before another ending.

돈은 내가 낸다. (내- + -ㄴ- + -다)
钱　由　我　出
qián yóu wǒ chū。

お金は私が払う。

I pay for it.

철수는 달린다. (달리- + -ㄴ- + -다)

哲洙 在 跑
zhézhū zài pǎo。

チョルスは走る。

Cheolswu runs.

▶ -ㄴ-: 받침 없는 동사 어간, 'ㄹ' 받침인 동사 어간 또는 어미 '-으사-' 뒤에 붙거나 다른 어미 앞에 붙는다.

"-ㄴ-" 是 指 没有 收音的 动词 词干、"ㄹ" 收音的 动词 词干 或 词尾 "-으시-" 后面 或 其他 词尾 前面
shì zhǐ méiyǒu shōuyīn de dòngcí cígàn、"ㄹ" shōuyīn de dòngcí cígàn huò cíwěi "-으시-" hòumiàn huò qítā cíwěi qiánmiàn。

「-ㄴ-」は終声のない動詞語幹、「ㄹ」終声の動詞語幹または語尾「-시-」の後ろに付くか、他の語尾の前に付く。

'-ㄴ-' is followed by a verb stem without a consonant, a verb stem with a consonant of 'ㄹ', or an ending of '-으시-', or before another ending.

■ 과거시제 过去时 guòqùshí 過去時制 Past tense

과거시제는 말하는 시점을 기준으로 지나간 일이나 상태를 표현하는 시제이다.

过去时是 表达 说话时 已经 过去的 事件 或 状态的 时态
guòqùshí shì biǎodá shuōhuà shí yǐjīng guòqù de shìjiàn huò zhuàngtài de shítài。

過去時制は、話す時点を基準に過ぎ去ったことや状態を表現す

る時制である。

The past tense expresses an event or state of affairs that has passed at the time of speaking.

나는 밥을 먹었다. (먹- + -었- +-다)
我 吃饭 了
wǒ chīfàn le。

私はご飯を食べた。

I had a meal.

▶ -었-: 끝음절의 모음이 'ㅏ, ㅗ'가 아닌 용언의 어간 뒤나 '이다'의 어간 뒤에 붙는다.

"-었-" dí zuìhòu yíge yīnjié de yuányīn bú shì "ㅏ, ㅗ", érshì yòng zài wèicí decígàn hòu huò "이다" de cígàn hòu.

「-었-」は最後の音節の母音が「ㅏ, ㅗ」ではなく、用言の語幹の後や「이다」の語幹の後につく過去時制語尾である。

'-었-' is added after the stem of a word whose final vowel is not 'ㅏ' or 'ㅗ', or after the stem of '이다'.

그는 집에 갔다. (가 + -았- + -다) 그는 많이 샀다. (사 + -았- + -다)
他 回家 了 他 买 了 很 多
tā huíjiā le。 tā mǎi le hěnduō。

彼は家に帰った。彼はたくさん買った。

He went home. He bought a lot.

▶ -았-: 끝음절의 모음이 'ㅏ, ㅗ'인 용언의 어간 뒤에 붙거나 다른 어미 앞에 붙는다.

"-았-" de zuìhòu yíge yīnjié de yuányīn zài "ㅏ, ㅗ" dī wèicí de cígàn hòumiàn, huòzhě zài qítā cíwěi qiánmiàn。

「-았-」は最後の音節の母音が「ㅏ, ㅗ」である用言の語幹の後についたり、他の語尾の前についたりする過去時制語尾である。

'-았-' is added after the stem of a word whose final vowel is 'ㅏ', 'ㅗ' or before other endings.

그는 어제 공부를 하였다.(하- + -였- + -다)(했다)
他昨天学习了
tā zuótiān xuéxí le。

彼は昨日勉強をした。

He studied yesterday.

▶ -였-: '하다'나 '하다'가 붙는 용언의 어간 뒤에 붙는다.

"-였-" zài jiāshàng "하다" huò "-하다" de wèicí de cígàn hòumiàn jiā。

「-였-」は「하다」や「-하다」がつく用言の語幹の後につく過去時制

語尾である。

'-였-' is a past tense prefinal ending that follows a predicate with '하다' or '-하다'.

▶ '했다'와 '했었다'의 차이는 '했다'는 '하-+-였-+-다'로 분석되며, '했었다'는 '하-+-였었-+-다'로 분석됩니다.

"했다" hé "했었다" de chāyì bèi fēnxi wéi "하-+-였-+-다" de "했었다", bèi fēnxi wéi "했었다" deshì "하-+-였었-+-다".

「했다」と「했었다」の差異いは、「했다」は「하-+-였-+-다」と分析され、「했었다」は「하-+-였었-+-다」と分析されます。

The difference between '했다' and '했었다' is analyzed as '하-+-였-+-다', and '했었다' is analyzed as '하-+-였었-+-다'.

'-였-'은 이야기하는 시점에서 볼 때 사건이나 행위가 이미 일어났음을 나타내거나 이야기하는 시점에서 볼 때 완료되어 현재까지 지속되거나 현재에도 영향을 미치는 상황을 나타내는 어미이다. '-였었-'은 현재와 비교하여 다르거나 단절되어 있는 과거의 사건을 나타내는 어미이다.

"-였-" shì cóng shuōhuà de jiǎodù lái kàn, biǎoshì shìjiàn huò xíngwéi yǐjīng fāshēng huò cóng shuōhuà de jiǎodù lái kàn, biǎoshì yǐjīng wánchéng bìng chíxù dào xiànzài huò xiànzài ye chǎnshēng

影响 的 情况 的 词尾   是 表示 与 现在
yǐngxiǎng de qíngkuàng de cíwěi, "-였었-" shì biǎoshì yǔ xiànzài

相比不同或 断绝的过去事件的词尾
xiāngbǐ bùtóng huò duànjué de guòqù shìjiàn de cíwěi。

「-었-」は話す時点で見ると事件や行為がすでに起きたことを現わ
したり話す時点で見ると完了して現在まで持続したり現在にも影響
を及ぼす状況を表す語尾であり、「-였었-」は現在と比べて違ったり
断絶している過去の事件を表す語尾である。

'-었-' is an ending indicating that an event or action has already happened at the time of the story, or that a situation has been completed at the time of the story and is continuing or affecting the present. '-였었-' is an ending that indicates an event in the past that is different or disconnected from the present.

■ 미래시제 jiāngláishí 未来時制 Future tense

미래시제는 말하는 시점을 기준으로 다가올 일이나 상태를 표현하는 시제이다.

将来时是根据 说话 时间来 表达 即将 发生 的
jiāngláishí shí gēnjù shuōhuà shíjiān lái biǎodá jíjiāng fāshēng de

事件或 状 态 的 时态
shìjiàn huò zhuàngtài de shítài。

未来時制は話す時点を基準に近づいてくることや状態を表現する時制である。

4. 용언 65

The future tense expresses an upcoming event or state of affairs as of the time you speak.

나는 밥을 먹겠다. (먹- + -겠- + -다)
我 要 吃饭
wǒ yào chīfàn。

私わたしはご飯はんを食たべる。
I'm going to eat.

◆ 어말어미 yǔmò cíwěi 語末語尾 Final ending

어말어미는 활용 어미에 있어서 맨 뒤에 오는 어미이다.
语末词尾是活用词尾的尾部
yǔmò cíwěi shì huóyòng cíwěi dí wěibù。

語末ごまつ語尾ごびは活用かつようごびにおいて一番いちばんうしろにくる語尾ごびである。
The final ending is the ending that comes last in conjugation endings.

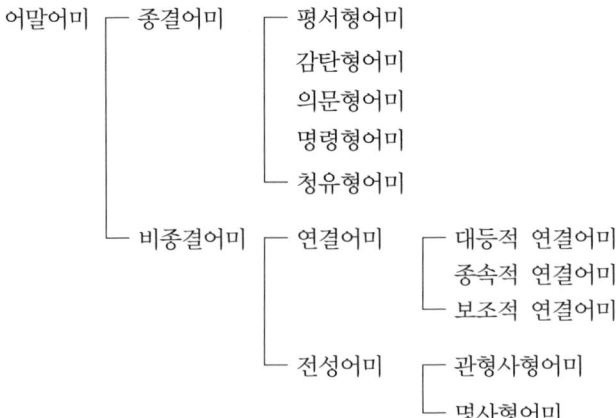

◇ 종결어미 zhōngjié cíwěi 終結語尾 Sentence-closing ending

종결어미는 한 문장을 종결되게 하는 어말어미이다.

终结词尾是终结一篇文章的语末词尾
zhōngjié cíwěi shì zhōngjié yì piān wénzhāng de yǔmò cíwěi。

終結語尾は、一つの文章を終結させる語尾である。

A sentence-closing ending is a final ending that brings a sentence to an end.

■ 평서형 종결어미 chénshùxíng zhōngjié cíwěi 平敍型終結語尾 Declarative final ending

평서형 종결어미는 용언이나 서술격 조사 '이다'의 어간에 붙어 사실을 있는 그대로 진술하는 기능을 가진 활용 어미이다.

陈述形终结词尾是附着在谓词或叙述格助词
chénshùxíng zhōngjié cíwěi shì fùzhuó zài wèicí huò xùshùgézhùcí

"이다" 的词干上，具有如实陈述事实功能的活用
de cígàn shàng, jùyǒu rúshí chénshù shìshí gōngnéng de huóyòng

词尾
cíwěi。

平敍型終結語尾は、用言や叙述格助詞「이다」の語幹に付いて事実をありのままに述べる機能を持った活用語尾である。

The declarative final ending is a conjugation ending that has the function of stating a fact as it is attached to the stem of a verb or a predicate case marker '이다'.

철수가 과자를 먹는다.
哲洙 在 吃 饼 干
zhézhū zài chī bǐnggàn。

チョルスがお菓子を食べる。
Cheolsu eats sweets.

┃참고: 마침표(.) 句号 jùhào ピリオド Period

마침표는 문장부호의 하나로서 평서형·명령형·청유형 (공동형) 따위를 나타내는 문장의 끝에 쓰인다.
句号 是 标点符号 之一 用于表示 陈述形、命令形、劝诱形 共动形 等 的 句子 的 末尾。
jùhào shì biāodiǎnfúhào zhīyī, yòngyú biǎoshì chénshùxíng、mìnglìngxíng、quànyòuxíng (gòngdòng xíng) děng de jùzi de mòwěi。
ピリオドは文章符号の一ひとつとして、平叙型·命令型·勧誘型(共同型)などを表す文章の最後に使われる。

The period is one of the punctuation marks and is used at the end of sentences that indicate declarative, imperative, and requesting types.

■ 감탄형 종결어미 感叹形终结词尾 gǎntànxíng zhōngjiécíwěi 感嘆型終結語尾

Exclamatory final ending

감탄형 종결어미는 감탄의 뜻을 나타내는 문장 유형에 사용되는 종결어미이다.

感叹形　终结词尾　是　用于　表示　感叹　的　句子
gǎntànxíng zhōngjiécíwěi shì yòngyú biǎoshì gǎntàn de jùzi

类型的　终结词尾
lèixíng de zhōngjiécíwěi。

感嘆型終結語尾は、感嘆の意味を表す文章タイプに使われる終結語尾である。

The exclamatory final ending is a final ending used in sentence types that express the meaning of exclamation.

철수가 과자를 먹는구나!
哲洙在吃饼干啊
zhézhū zài chī bǐnggàn a!

チョルスがお菓子を食べるんだ！

Cheolsu is eating sweets!

■참고: 느낌표(!) 感叹号 gǎntànhào 感嘆符 Exclamation mark

느낌표는 문장부호의 하나로서 감탄이나 놀람, 부르짖음, 명령 등 강한 느낌을 나타내는 문장의 끝에 쓰인다.

感叹号是标点符号之一，用于表示感叹、惊讶、
gǎntànhào shì biāodiǎnfúhào zhīyī, yòngyú biǎoshì gǎntàn、jīngyà、

呼喊　命令　等　强烈感觉的句子的末尾
hūhǎn、mìnglìng děng qiángliè gǎnjué de jùzi de mòwěi。

感嘆符は文章符号の一つとして感嘆や驚き、叫び、命令など強い感じを表す文章の最後に使われる。

The exclamation mark is one of the punctuation marks and is used at the end of sentences expressing strong feelings, such as exclamation, surprise, cry, or command.

■ 의문형 종결어미 疑問形 yíwènxíng zhōngjiécíwěi 疑問形けい終結語尾

Interrogative final ending

의문형 종결어미는 말하는 이가 듣는 이에게 대답을 요구하는 문장 유형에 사용되는 문장 종결어미이다.
疑问形 终结词尾 是 说话者 要求 听者回答的
yíwènxíng zhōngjiécíwěi shì shuōhuà zhě yàoqiú tīngzhě huídá de
句子 类型 中 使用 的 句子 终结词尾。
jùzi lèixíng zhōng shǐyòng de jùzi zhōngjiécíwěi.

疑問形終結語尾は話す人が聞く人に返事を要求する文章タイプに使われる文章終結語尾である。

An interrogative final ending is a final ending used in a type of sentence in which the speaker demands an answer from the listener.

철수가 과자를 먹느냐?
哲洙 吃 饼干 吗
zhézhū chī bǐnggàn ma?

チョルスがお菓子を食べるのか？

Does Cheolsu eat snacks?

■ 참고: 물음표(?) 问号 wènhào 疑問符 Question(interrogation) mark

물음표는 문장부호의 하나로서 의문문이나 의문을 나타내는 어구의 끝에 쓰인다.

问号是标点符号之一 用于疑问句或表示疑问的
wènhào shì biāodiǎnfúhào zhīyí, yòngyú yíwènjù huò biǎoshì yíwèn de

语句的末尾
yǔjù de mòwěi。

疑問符(ぎもんふ)は、文章符号(ぶんしょうふごう)の一(ひと)つとして疑問文(ぎもんぶん)や疑問(ぎもん)を表(あらわ)す語句(ごく)の最後(さいご)に使(つか)われる。

A question mark is a punctuation mark used at the end of a question or phrase that expresses an interrogation.

■ 명령형 종결어미 mìnglìngxíng zhōngjiécíwěi 命令型終結語尾(めいれいかたしゅうけつごび)

Imperative final ending

명령형 종결어미는 상대방에게 어떤 행동을 강압적으로 하도록 하거나 요구하는 문장 유형에 사용되는 문장 종결어미이다.

命令形终结词尾是用于强迫对方做出
mìnglìngxíng zhōngjiécíwěi shì yòngyú qiángpò duìfāng zuòchū

某种行动的句子类型的句子终结词尾。
mouzhǒng xíngdòng de jùzǐ lèixíng de jùzi zhōngjiécíwěi。

命令型終結語尾(めいれいかたしゅうけつごび)は、相手(あいて)にある行動(こうどう)を強圧的(きょうあつてき)にさせたり要求(ようきゅう)したりする文章(ぶんしょう)タイプに使(つか)われる文章終結語尾(ぶんしょうしゅうけつごび)である。

An imperative final ending is a final sentence ending used in sentence types that force or require the other person to do something.

철수야, 과자를 먹<u>어라</u>.
哲洙 吃 饼干 吧
zhézhū, chī binggàn ba。

チョルス、お菓子を食べなさい。

Cheolsu, eat some snacks. vocative case marker

■ 청유형 종결어미 劝诱形 终结词尾 quànyòuxíng zhōngjiécíwěi 勧誘形 Requestive final ending

청유형 종결어미는 말하는 사람이 상대방에게 함께 행동하기를 요청하거나 권유하는 문장 유형에 사용되는 문장 종결어미이다.
劝诱形 终结词尾 是 说话 人 要求 对方 一起
quànyòuxíng zhōngjiécíwěi shì shuōhuà rén yàoqiú duìfāng yìqǐ
行动 或 劝告 的 句子 类型 的 句子 终结词尾
xíngdòng huò quàngào de jùzǐ lèixíng de jùzi zhōngjiécíwěi。

勧誘形終結語尾は、話し手が相手に一緒に行動することを要請したり勧誘する文章タイプに使われる文章終結語尾である。

A requestive final ending is a final sentence ending used in a type of sentence in which the speaker asks or invites the other person to act together.

철수야, 과자를 먹<u>자</u>.
哲洙 吃 饼干 吧
zhézhū, chī binggàn ba。

チョルス、お菓子を食べよう。

Cheolsu, let's eat snacks.

■ 공손법(상대높임법) gōngshùnfǎ 恭順法 きょうそんほう Politeness

공손법은 일정한 종결어미를 선택함으로써 상대편을 높여 표현한다.
恭順法 通过 选择 一定 的 终结词尾 来 提高
gōngshùnfǎ tōngguò xuǎnzé yídìng de zhōngjiécíwěi lái tígāo
对方 身份的 表达
duìfāng shēnfen de biǎodá。

恭遜法は一定の終結語尾を選択することで相手を高めて表現する。
きょうそんほう いってい しゅうけつごび せんたく あいて たか ひょうげん

The politeness expresses the other side by selecting a certain ending.

■ 참고: 공손법(상대높임법)에 따른 종결어미 체계

恭順法 终结词尾 体系
gōngshùnfǎ zhōngjiécíwěi tǐxì

恭遜法による終結語尾体系
きょうそんほう しゅうけつごびたいけい

System of terminating endings in accordance with politeness

	해라	하게	하오	합쇼	해	해요
평서형	-(는/ㄴ)다	-네	-오	-(ㅂ니)다	-어	-어요
의문형	-(느)냐	-(으)ㄴ가	-오	-(ㅂ니)까	-어	-어요
감탄형	-(는)구나	-(는)구면	-(는)구료		-어	-어요
명령형	-어라	-게	-오	-(ㅂ)시오	-어	-어요
청유형	-자	-세		-(ㅂ)시다	-어	-어요

'해라'는 상대편을 아주 낮추는 종결어미이다. '하게'는 보통으로 낮추면서 약간 대우하여 주는 종결어미로, 어느 정도 나이가 든 화자가 나이가 든 아랫사람이나 같은 나이의 친숙한 사이에 쓴다. '하오'는 상대편을 보통으로 높이는 종결어미로, 현대 한국어의 구어에서는 거의 쓰지 않는다. '합쇼'는 상대편을 아주 높이는 종결어미이다. '해요'는 '합쇼'와 '하오'에 두루 쓰이고, '해'는 '해라'와 '하게'에 두루 쓰인다. 신문이나 잡지 혹은 소설 같은 인쇄물에서는 '해라'를 쓴다.

"해라" shì biǎndī duìfāng de zhōngjiécíwěi. "하게" shì jiàngdī dào yìbān shuǐpíng, jiyǔ luèwēi yōudài de zhōngjiécíwěi, zài yídìng chéngdù shàng shì shàng le niánjì de shuōhuà zhě yòng zài shàng le niánjì de xiàjí huò tóng niánlíng de shúxi zhījiān。"하오" shì jiāng duìfāng tígāo dào yìbān de zhōngjiécíwěi, zài xiàndài hànyǔ de kouyǔ zhōng jīhū búyòng。"합쇼" shì táigāo duìfāng de zhōngjiécíwěi。"해요" zài "합쇼" hé "해요" zhōng guǎngfàn shǐyòng, "해" zài "해라"、"하게" zhōng guǎngfàn shǐyòng。zài bàozhǐ、zázhì huò xiǎoshuō děng yìnshuàpǐn shàng xiě "해라"。

「해라」は相手を非常に低くする終結語尾である。「하게」は普通に下げながら若干待遇してくれる終結語尾で、ある程度年を取った話者が年を取った目下の人や同じ年の親しい間に使う。「하오」は相手を普通に高める終結語尾で、現代韓国語の口語ではほとんど使わない。「합쇼」は相手を非常に高める終結語尾ごびである。「해요」は「하오」と「합쇼」に広

く使われ、「해」は「해라」と「하게」に広く使われる。新聞や雑誌、小説などの印刷物では「해라」を使う。

'해라' is a final ending that lowers one's opponent very low. '하게' is a final ending that is treated slightly while lowering it to normal. '하오' is a final ending that respects one's opponent to normal, and is rarely used in colloquialisms in modern Korean. '합쇼' is a final ending that respects one's opponent to a very high. '해요' is widely used in '하오' and '합쇼', '해' is widely used in both '해라' and '하게'. '해라' is used in print such as newspapers, magazines, and novels.

◇ 비종결어미 fēizhōngjiécíwěi 非終結語尾 Non-final ending

비종결어미는 문장을 연결(접속)하거나 전성의 기능을 하는 어미이다.

非终结词尾是连接句子或具有转成功能的词尾
fēizhōngjiécíwěi shì liánjiē jùzi huò jùyǒu zhuǎnchéng gōngnéng de cíwěi。

非終結語尾は、文章を連結(接続)したり、転成の機能をする語尾である。

Non-final endings are endings that connect sentences or function as transformation.

■ 연결(접속)어미 liánjiē cíwěi 連結(接続)語尾 Connective ending

연결(접속)어미는 어간에 붙어 다음 말에 연결하는 구실을 하는 어미이다.

连接词尾是附着在词干起到连接下句话的作用的词尾
liánjiē cíwěi shì fùzhuó zài cígàn, qǐ dào liánjiē xià jù huà de zuòyòng de cíwěi。

れんけつ せつぞく ご び ごかん つぎ ことば れんけつ やくわり ご び
連結(接続)語尾は語幹について次の言葉に連結する役割をする語尾である。

Connective endings are endings that attach to the stem and play the role of connecting to the next word.

◎ 대등적 연결어미 对等连接词尾 duìděng liánjiē cíwěi 対等的連結語尾 たいとうてきれんけつごび
Coordinative connective ending

대등적 연결어미는 의미적으로 대등한 두 절(節)을 이어 주는 연결어미이다. '-고', '-(으)며', '-(으)나' 따위가 있다.

对等连接词尾在意义上是连接对等两节的连接词尾有 "-고"、"-(으)며"、"-(으)나" 等。
duìděng liánjiē cíwěi zài yìyì shàng shì liánjiē duìděng liǎngjié de liánjiē cíwěi。yǒu"-고"、"-(으)며"、"-(으)나" děng。

たいとうてきれんけつご び い み てき たいとう せつ れんけつ ご び
対等的連結語尾は、意味的に対等な2つの節をつなぐ連結語尾である。「-고」、「-(으)며」、「-(으)나」などがある。

A coordinative ending is a connective ending that connects two semantically equal clauses. There are things like '-고', '-(으)며', '-(으)나'.

인생은 짧고 예술은 길다.
人 生 短 暂 艺 术 漫 长
rénshēng duǎnzàn, yìshu màncháng。

人生は短く、芸術は長い。

Life is short and art is long.

그는 시인이며 (그는) 교수이다.
他 是 诗 人 他 是 教 授
tā shì shīrén, (tā shì) jiàoshòu。

彼は詩人であり、(彼は)教授である。

He is a poet and (he is) a professor.

◎ 종속적 연결어미 从属 连接 词尾 cóngshǔ liánjiē cíwěi 従属的連結語尾

Subordinate connective ending

종속적 연결어미는 앞의 문장을 뒤의 문장에 종속적으로 이어 주는 연결어미이다.

从属 连接 词尾 是 将 前句 从属 连接 后句 的 连接 词尾
cóngshǔ liánjiē cíwěi shì jiāng qiánjù cóngshǔ liánjiē hòujù de liánjiē cíwěi。

従属的連結語尾は、前の文章を後の文章に従属的に連結する連結語尾である。

A subordinate connective ending is a connective ending that connects the preceding sentence to the following sentence in a subordinate manner.

봄이 오면, 꽃이 핀다.
春 天 到 来 花 会 开
chūntiān dàolái, huāhuì kāi。

春が来ると、花が咲く。

When spring comes, flowers bloom.

겨울이 되니, 날씨가 춥다.
冬 天 到 了 天 气 冷
dōngtiān dào le, tiānqì lěng。

冬になると、天気が寒い。

It's winter, the weather is cold.

◎ 보조적 연결어미 fǔzhù liánjiē cíwěi 輔助連接詞尾 補助的連結語尾 Auxiliary connective ending

보조적 연결어미는 본용언에 보조용언을 연결하는 연결어미이다. 주로 '-아/어', '-게', '-지', '-고' 따위를 이른다.
辅 助 连 接 词 尾 是 主 谓 词 中 连 接 辅助谓词 的
fǔzhù liánjiē cíwěi shì zhǔwèicí zhōng liánjiē fǔzhùwèicí de
连 接 词 尾 主 要 指 等
liánjiē cíwěi。zhǔyào zhǐ "-아/어, -게, -지, -고" děng。

補助的連結語尾は本用言に補助用言を連結する連結語尾である。主に「-아/어」、「-게」、「-지」、「-고」などを指す。

An auxiliary connective ending is a connective ending that connects an auxiliary predicate to a main predicate. It mainly refers to '-아/어',

'-게', '-지', and '-고'.

아이들이 공을 차고 있다.
孩子们 在 踢球
háizimen zài tīqiú。

子供たちがボールを蹴っている。

Children are kicking a ball.

저도 운동회에 참가하게 되었다.
我 也 参 加 了 运 动 会
wǒ yě cānjiā le yùndònghuì。

私も運動会に参加するようになった。

I also participated in field (sports) day.

▎참고: 본용언 '되다'와 보조용언 '되다'
主 谓 词   和 辅 助 谓 词
zhǔwèicí "되다" hé fǔzhùwèicí "되다"

本用言「되다」と補助用言「되다」

Main predicate '되다' and auxiliary predicate '되다'

본용언 '되다'는 '새로운 신분이나 지위를 가지다', '어떤 시기, 상태에 이르다'를 나타내는 말이다.
主 谓 词   是 具有 新 的 身 份 或 地位 达到 某 个
zhǔwèicí "되다" shì "jùyǒu xīn de shēnfèn huò dìwèi", "dádào mǒugè
时 期 状 态   的 意思
shíqī, zhuàngtài" de yìsi。

本用言「되다」は、「新しい身分や地位を持つ」「ある時期、状態に至る」という意味である。

4. 용언 79

The main predicate '되다' means 'to have a new status or position' and 'to reach a certain period and state'.

나는 결혼할 나이가 되었다.
我 到 了 结婚 的 年 龄
wǒ dào le jiéhūn de niánlíng。

私は結婚する年になりました。

I'm old enough to get married.

보조용언 '되다'는 "어떤 상황이나 사태에 이르다"를 나타내는 말이다.
辅助谓词   是 指 达到 某 种   状 况 或事态的
fǔzhùwèicí "되다" shì zhǐ "dádào mouzhǒng zhuàngkuàng huò shìtài" de
意思
yìsi。

補助用言「되다」は「ある状況や事態に至る」を表す言葉である。

The auxiliary predicate '되다' refers to 'to reach a certain situation or state of affairs'.

밥이 맛있게 되다.
饭 做 得 好吃
fàn zuò dé hǎochī。

ご飯がおいしくなります。

The rice becomes delicious.

■ 참고: 의존명사 '지'와 연결어미 '-ㄴ지'
依 存 名 词   和 连 接 词尾
yīcún míngcí "지" hé liánjiē cíwěi "ㄴ지"

依存名詞「지」と連結語尾「-ㄴ지」

Bound noun '지' and connective ending '-ㄴ지'

의존명사 '지'는 어떤 일이 있었던 때로부터 지금까지의 동안을 나타내는 말이다.
依存名词 是指 从 发生 某 种 事 情 到 现在
yīcún míngcí "지" shì zhǐ cóng fāshēng mǒuzhǒng shìqing dào xiànzài
的 时 间
di shíjiān。

依存名詞「지」はあることがあった時から今いままでの時間を表す言葉である。

The bound noun '지' is a word that refers to the period from the time when something happened to the present.

나는 대학교에 입학한 지 한 달이 되었다.
我 上 大学 已经 一个 月 了
wǒ shàng dàxué yǐjīng yíge yuè le。

私は大学に入学して一ケ月になった。

It has been a month since I entered university.

연결어미 '-ㄴ지'는 뒤 절의 사실에 대한 근거나 원인을 추측하는 뜻을 나타내는 어미이다.
连接词尾 是 表 示 推 测 后 节 事实 的 根据 或 原 因
liánjiē cíwěi "-ㄴ지" shì biǎoshì tuīcè hòujié shìshí de gēnjù huò yuányīn
的 意思
de yìsi。

連結語尾「-ㄴ지」は後節の事実に対する根拠や原因を推測する意味を表す語尾である。

The connective ending '-ㄴ지' is an ending that indicates speculation about the basis or cause of a fact in a later clause.

철수는 몸이 약한지 자주 감기에 걸린다. (약하- + -ㄴ지)
哲洙 可能 身体不好 经常 感冒
zhézhū kěnéng shēntǐ bù hǎo, jīngcháng gǎnmào.

チョルスは体が弱いのかよく風邪をひく。

Cheolsu often catches a cold because he is weak.

▍참고: 의존명사 '데'와 연결어미 '-ㄴ데'
依存名词 和连接词尾
yīcún míngcí "데" hé liánjiē cíwěi "ㄴ데"

依存名詞「데」と連結語尾「-ㄴ데」

Bound noun '데' and connective ending '-ㄴ데'

의존명사 '데'는 '곳', '장소', '일', '경우' 의 뜻을 나타내는 말이다.
依存名词 是表示地方 场所 工作 境遇
yīcún míngcí "데" shì biǎoshì "dìfāng", "chǎngsuǒ", "gōngzuò", "jìngyù

的意思
" de yìsi。

依存名詞「데」は「所」、「場所」、「仕事」、「場合」の意味を表す言葉である。

The bound noun '데' refers to the meaning of 'spot', 'place', 'work', and 'case'.

나는 그 책을 다 읽는 데 삼 일이 걸렸다.
我 花了三天时间才读完 那本书
wǒ huā le sāntiān shíjiān cái dú wán nà běn shū。

私はその本を読み終えるのに3日かかった。

It took me three days to finish the book.

연결어미 '-ㄴ데'는 앞 절의 내용을 뒤 절의 내용과 대립되도록 이어 주는 데 쓰인다.
连接词尾 用于将 前 一节的内容 与后 一节的
liánjiēcíwěi "ㄴ데" yòngyú jiāng qián yìjié de nèiróng yǔ hòu yìjié de

内容 对立起来
nèiróng duìlìqǐlái。

連結語尾「-ㄴ데」は前節の内容を後節の内容と対立するようにつなげるために使われる。

The connecting ending '-ㄴ데' is used to connect the contents of the previous clause to be contrary to the contents of the later clause.

그는 키는 큰데 체구가 작다. (크- + -ㄴ데)
他 个子 高 但 身材 瘦弱
tā gèzi gāo, dàn shēncái shòuruò。

彼は背は高いが体格が小さい。

He is tall but small in size.

■ 전성어미 zhuǎnchéng cíwěi 転成語尾 Transformative ending

전성어미는 용언의 어간에 붙어 다른 품사의 기능을 수행하게 하는 어미이다.
转 成 词尾是附着在动词和形容词的词干上,
zhuǎnchéng cíwěi shì fùzhuó zài dòngcí hé xíngróngcí de cígàn shàng,

履行 其他 词语的 功能 的词尾。
lǚxíng qítā cíyǔ de gōngnéng de cíwěi。

転成語尾は用言の語幹に付いて他の品詞の機能を遂行させる語尾である。

Transformative endings are endings that attach to the stem of a predicate and perform the function of another part of speech.

◎ 관형사형 전성어미 guànxíng zhuǎnchéng cíwěi 冠形詞形転成語尾 Adnominal transformative ending

문장에서 용언의 어간에 붙어 관형사와 같은 기능을 수행하게 하는 어미이다. '-ㄴ', '-는', '-던', '-ㄹ' 따위가 있다.
冠形转成词尾是附着在句子中谓词的词干 guànxíng zhuǎnchéng cíwěi shì fùzhuó zài jùzi zhōng wèicí de cígàn, 履行冠形等功能的词尾有 lǚxíng guànxíng děng gōngnéng de cíwěi. yǒu "-ㄴ"、"-는"、"-던"、"-ㄹ"等 děng.

冠形詞形転成語尾は、文章で用言の語幹について冠形詞のような機能を遂行させる語尾である。「-ㄴ」、「-는」、「-던」、「-ㄹ」などがある。

An adnominal transformative ending is an ending that attaches to the stem of a predicate in a sentence, causing it to function like a determiner. There are '-ㄴ', '-는', '-던', and '-ㄹ'.

청소를 끝낸(내-+ㄴ) 반은 집으로 돌아가시오.

    (청소를 끝내다.)

打扫 完 之后 回家 吧
dăsăo wán zhīhòu huíjiā ba。

掃除を終えたクラスは家に帰りなさい。

Students who have finished cleaning go home.

이것은 제가 쓰던 연필입니다.

    (이것은 제가 쓰다.)

这 是 我 用 过 的 铅笔
zhè shì wŏ yòng guò de qiānbǐ。

これは私が使っていた鉛筆である。

This is the pencil I used.

해야 할(하+ㄹ) 일이 아직도 많다.

    (해야 하다.)

要 做 的 事 还 很 多
yāo zuò de shì hái hěnduō。

やるべきことがまだまだ多い。

There is still a lot of work to be done.

◎ 명사형 전성어미 míngcí zhuǎnchéng cíwěi 名詞形転成語尾 名词 转 成 词尾

Nominal transformative ending

용언 뒤에 결합하여 명사의 기능을 하게 하는 전성어미이다. '-(으)ㅁ', '-기'가 이에 해당한다.

名词 转成 词尾是 结合 在 谓词 后面 起 到
míngcí zhuǎnchéng cíwěi shì jiéhé zài wèicí hòumiàn qǐ dào

名词作用 的 转 成 词尾 有　　　 和
míngcí zuòyòng de zhuǎnchéng cíwěi。yǒu "-(으)ㅁ" hé "-기"。

名詞形転成語尾は、用言の後に結合して名詞の機能をさせる 転成
語尾である。「-(으)ㅁ」、「-기」がこれに該当する。

An nominal transformative ending is an ending that attaches to the stem of a predicate in a sentence, causing it to function like a noun. This include '-(으)ㅁ' and, '-기'.

학교에 가기 싫어하는 사람도 있다.

    (학교에 가다.)

也 有 不 想 去 学 校 的 人
ye yǒu bù xiǎng qù xuéxiào de rén。

学校に行きたくない人もいる。

Some people don't want to go to school.

그가 우리를 속였음이 분명하다.

    (그가 우리를 속였다.)

很 　 明 显　 他 欺骗 了 我 们
hěn míngxiǎn, tā qīpiàn le wǒmen。

He must have deceived us.

5. 수식언

修饰语
xiūshìyǔ 修飾語 しゅうしょくご Modifier

수식언은 뒤에 오는 말을 수식하거나 한정하기 위하여 첨가하는 관형사와 부사를 통틀어 이르는 말이다. 활용은 하지 않는다.

修饰语 是 指 为 修饰 或 限定 后面 的 话 而
xiūshìyǔ shì zhǐ wèi xiūshì huò xiàndìng hòumiàn de huà ér

添加 的 冠形词和副词的 总 称。不 会 加以活用。
tiānjiā de guànxíngcí hé fùcí de zǒngchēng。bú huì jiāyǐ huóyòng。

修飾語は後にくる言葉を修飾したり限定するために添加する冠形詞と副詞を合わせて指す言葉である。活用はしない。

Modifiers are a group of determiners and adverbs that are added to modify or qualify what follows. They are not conjugated.

5.1. 관형사 guànxíngcí 冠形詞 かんけいし Determiner

관형사는 체언(명사, 대명사, 수사) 앞에 놓여서, 그 체언의 내용을 자세히 꾸며 주는 품사이다.

冠形词 是 放在 体词 (名词、代词、数词) 前面,
guànxíngcí shì fàngzài tǐcí (míngcí、dàicí、shùcí) qiánmiàn,

详细 修饰 其 体词 内容 的 词类。
xiángxì xiūshì qí tǐcí nèiróng de cílèi。

冠形詞は体言（名詞、代名詞、数詞）の前に置かれ、その体言の内容を詳しく飾る品詞である。

A determiner is a part of speech that precedes a substantive and elaborates on the content of that substantive phrase.

◆ 성상 관형사 xìngzhuàng guànxíngcí 性狀冠形詞 せいじょうかんけいし Qualitative determiner

성상 관형사는 사람이나 사물의 모양, 상태, 성질을 나타내는 관형사이다.

性状 冠形词 是 表达 人 或 事物 的 形状、
xìngzhuàng guànxíngcí shì biǎodá rén huò shìwù de xíngzhuàng、

状态 或 性质 的 冠形词。
zhuàngtài huò xìngzhi de guànxíngcí。

性状冠形詞は人や物の形、状態、性質を表す冠形詞である。

Qualitative determiners are determiners that describe the shape, state, or nature of a person or thing.

새 옷, 새 집, 새 신발, 새 가방
新 衣服 新 房子、新 鞋、新 包
xīn yīfu、xīn fángzi、xīn xié、xīn bāo
新しい服, 新しい家, 新しい靴, 新しいかばん
new clothes, new house, new shoes, new bag

헌 옷, 헌 집, 헌 신발, 헌 가방
旧衣 旧房 旧鞋 旧包
jiùyī, jiùfang, jiùxié, jiùbāo
古着, 古い家, 古い靴, 古いかばん
old clothes, old house, old shoes, old bag

◆ 지시 관형사 zhǐshì guànxíngcí 指示冠形詞 Demonstrative determiner

지시 관형사는 특정한 대상을 지시하여 가리키는 관형사이다.
指示 冠形词是 指示 特定 对象 的 冠形词
zhǐshì guànxíngcí shì zhǐshì tèdìng duìxiàng de guànxíngcí.
指示冠形詞は特定の対象を指示して指す冠形詞である。

Demonstrative determiners are determiners that point to a specific object.

▶ **이, 그, 저, 어떤, 무슨, 다른**

이 사람, 그 사람, 저 사람, 어떤 물건, 무슨 물건, 다른 물건
这个 人　那个 人　那个 人　某 事　某 事　别的事
zhège rén, nàgè rén, nàgè rén, mǒu shì, mǒu shì, bié de shì

この人、その人、あの人、ある物、何の物、他の物

This person, that person, that person, something, something, something else

▶ **어떤**

사람이나 사물의 특성, 내용, 상태, 성격이 무엇인지 물을 때 쓰는 말이다.

"어떤" 是 问 人 或 事物 的 特性、内容、状态、性格是 什么时使用 的词语
xìnggé shì shénme shí shǐyòng de cíyǔ.

「어떤」は人や物の特性、内容、状態、性格が何かを尋ねる時に使う言葉である。

'어떤' is used to ask what the character, content, state, or nature of a person or thing is.

그는 어떤 사람이니?
他 是 一个 什么 样 的 人
tā shì yīgè shénme yàng de rén?

彼はどんな人なの？

What is he like?

▶ 무슨

무엇인지 모르는 일이나 대상, 물건 따위를 물을 때 쓰는 말이다.

"무슨" 是 询问 不知道是 什么的事情 或 对象
"무슨" shì xúnwèn bù zhīdào shì shénme de shìqing huò duìxiàng、

物品 时 使用 的 词语
wùpǐn shí shǐyòng de cíyǔ。

「무슨」は何なのか分からないことや対象、物などを尋ねる時に使う言葉である。

'무슨' is used to ask about things, objects, or things you don't know what they are.

무슨 일 있었니?

发 生 了 什么
fāshēng le shénme?

何かあったの？

What happened?

◆ 수 관형사 shǔ guànxíngcí 數冠形詞 Numeral determiner

수 관형사는 사물의 수나 양을 나타내는 관형사이다.

数 冠 形 词 是 表 示 事 物 数 量 或 量 的 冠 形 词
shǔ guànxíngcí shì biǎoshì shìwù shùliàng huò liàng di guànxíngcí。

數冠形詞は物の数や量を表す冠形詞である。

A numeral determiner is a determiner that indicates the number or amount of something.

두 사람, 세 병
两　个人　　三 瓶
liǎng gèrén,　sānpíng

二人、三本
<small>ふたり　さんぼん</small>

Two people, three bottles

■ 참고: 관형사와 수사의 구별

冠 形 词 和 数词 的 区别
guànxíngcí hé shùcí de qūbié

冠形詞と数詞の区別く
<small>かんけいし　すうし　くべつ</small>

Distinction between determiner and numeral

조사가 붙을 수 있으면 수사이고, 붙을 수 없으면 수관형사이다.

能 加 助词 就 是 數词　不 能 加 就 是 數　冠 形 词
néng jiā zhùcí jiù shì shǔcí, bù néng jiā jiù shì shǔ guànxíngcí.

助詞が付くことができれば數詞であり、付くことができなければ數冠形詞である。

If a postpositional particle can be attached, it is a numeral, and if it cannot be attached, it is a numeral determiner.

다섯 명이 참석하였다. (관형사)
五　个人　参加　了
wǔ gèrén cānjiā le。

五人が参列した。
<small>い にん　さんれつ</small>

Five people attended.

여섯 켤레의 신발이 있다. (관형사)

有 六 双 鞋
yǒu liù shuāng xié。

6足の靴がある。
そく くつ

There are six pairs of shoes.

백 사람이 모였다. (관형사)

聚集 了 100 人
jùjí le yìbǎi rén。

百人が集まった。
ひゃくにん あつ

A hundred people gathered.

식구가 여섯이다. (수사)

六口 人
liùkǒu rén。

家族が6人である。
かぞく にん

There are six family members.

5.2. 부사 fùcí 副詞 Adverb
　　　　副词 ふくし

부사는 용언 또는 다른 말 앞에 놓여 그 뜻을 분명하게 하는 품사이다.

副词 是 放 在 谓词 或 其他 词 面前, 使 其 意思 明确
fùcí shì fàngzài wèicí huò qítā cí miànqián, shǐ qí yìsī míngquè

的 一 种 词类
de yìzhǒng cílèi。

副詞は用言または他の言葉の前に置かれ、その意味を明確にする
ふくし ようげん た ことば まえ お いみ めいかく

品詞である。

An adverb is a part of speech that is placed before a predicate or other word and clarifies its meaning.

◆ 성분 부사 chéngfèn fùcí 成分副詞 Component adverb

성분 부사는 문장의 한 성분을 꾸며 주는 부사이다.
成 分 副词 是 修饰 句子 的 一个 成 分 的 副词
chéngfèn fùcí shì xiūshì jùzi de yíge chéngfèn de fùcí。

成分副詞は、文章の一つの成分を作る副詞である。

A component adverb is an adverb that modifies a component of a sentence.

꽃이 활짝 피었다.
花儿 盛 开 了
huāer shèngkāi le。

花がぱあっと咲いた。

The flower is in full bloom.

사과가 매우 맛있다.
苹 果 很 好 吃
píngguǒ hen hǎo chī。

りんごがとてもおいしい。

The apple is very tasty.

영수는 집으로 바로 갔다.

英洙直接回家了
yīngzhū zhíjiē huíjiā le。

ヨンスはすぐ家に帰った。

Young Soo went straight home.

내가 원하는 것이 바로 그것이다.
我 想 要 的 就是 那个
wo xiǎng yào de jiùshì nàge。

私が望むのはまさにそれである。

That's exactly what I want.

◆ 문장 부사 jùzi fùcí 文章副詞 Sentence adverb

문장 부사는 문장 전체를 꾸며주는 부사이다.
句子 副词 是 修饰 整 句 的 副词
jùzi fùcí shì xiūshì zhěngjù de fùcí。

文章副詞は、文章全体を飾る副詞である。

A sentence adverb is an adverb that modifies a sentence.

과연 그 아이는 시험에 합격할 수 있을까?
那个 孩子 究竟 能 不 能 通过 考试 呢
nàge háizi jiūjìng néng bù néng tōngguò kǎoshì ne？

果たしてその子は試験に合格できるだろうか？

Will he be able to pass the test?

정말로 너를 사랑해.

我 真 的 爱 你
wǒ zhēn de ài nǐ。

ほんとう　　　　　　　　あい
本当にあなたを愛してる。

I really love you.

　　　　　　　　　　　　时 间　副词　じかん ふくし
▌참고: 시간 부사 shíjiān fùcí 時間副詞 Adverbs of time

　　　　　現 在　いま　　　　　　　　　昨 天　きのう
　　　지금 xiànzài 今 now　　　　　어제 zuótiān 昨日 yesterday

　　　　　今 天　きょう　　　　　　　明 天　あした
　　　오늘 jīntiān 今日 today　　　내일 míngtiān 明日 tomorrow

　　　　　早 晨　あさ　　　　　　　　午 饭　ひる
　　　아침 zǎochen 朝 morning　　점심 wǔfàn 昼 afternoon

　　　　　晚 上　よる　　　　　　　　今 晚　こんや
　　　저녁 wǎnshang 夜 evening　오늘밤 jīnwǎn 今夜 tonight

　　　　　这次　こんかい
　　　이번에 zhècì 今回 this time/occasion

　　　　　还　　　　　　　　　　　　尽早　及早　はや
　　　아직 hái まだ still/yet　　　일찍 jǐnzǎo, jízǎo 早く early

　　　　　立刻　　　　　　　　　　　回来　あと
　　　곧 likè すぐ soon/shortly　이따가 huílái 後で a little later

　　　　　现 在
　　　바로 xiànzài すぐ immediately

　　　　　以后　あと　　　　　　　　昨 夜　さくや
　　　나중에 yǐhòu 後で later　　지난밤 zuóyè 昨夜 last night

　　　　　　　　　　　　頻度　副词　ひんど ふくし
▌참고: 빈도 부사 píndù fùcí 頻度副詞 Adverbs of frequency

　　　　　常 常
　　　항상 chángcháng いつも always

보통 tōngcháng 普通(ふつう) usually　　자주 chángcháng よく often

가끔 ǒu'ěr 偶尔 たまに sometimes　　거의 안 hǎnyǒude 罕有地 ほとんど rarely

결코(전혀 안) jué 决 けっして（全然ぜんぜん） never

6. 독립언

独立言 どくりつげん
dúlìyán 独立言 Independent word

독립언은 독립적으로 쓰이는 감탄사를 이르는 말이다.
独立言 是 指 独立 使用 的 感叹词
dúlìyán shì zhǐ dúlì shǐyòng de gǎntàncí。

どくりつげん　どくりつてき　つか　　　かんたんし　さ　ことば
独立言は独立的に使われる感嘆詞を指す言葉である。

An independent word is an interjection used independently.

◆ 감탄사 gǎntàncí 感嘆詞 interjection, exclamation

감탄사는 말하는 이의 본능적인 놀람이나 느낌, 부름, 응답 따위를 나타내는 품사이다.
感叹词 是 表示 说话人 本能的 惊讶或 感觉
gǎntàncí shì biǎoshì shuōhuà rén běnnéng de jīngyà huò gǎnjué、

召唤 应答 等 的 词类
zhàohuàn、yīngdá děng de cílèi。

かんたんし　はな　て　ほんのうてき　おどろ　　かん　　よ　こえ　おうとう　　　あらわ
感嘆詞は話し手の本能的な驚きや感じ、呼び声、応答などを表

す品詞である。
ひんし

Interjections are parts of speech that express the speaker's instinctive surprise, feeling, call, or response.

와, 저 사람들 좀 봐.
哇 看 看 那些 人
wa, kàn kàn nàxiē rén。

わあ、あの人たちちょっと見て。
ひと　　　　　　　　み

Wow, look at those people.

어머, 이게 누구야?
天 哪 这 是 谁
tiān nǎ, zhè shì shéi?

あら、これは誰？
だれ

Oh, look who it is.

여보, 나 물 좀 줘.
亲 爱 的 给 我 一些 水
qīn'ài de, gěi wǒ yīxiē shuǐ。

あなた、私に水をちょうだい。
わたし　みず

Honey, I need some water.

응, 아홉 시에 만나자.
是 的 我 们 九 点 钟 见
shì de, wǒmen jiǔ diǎn zhōng jiàn。

うん、九時に会おう。
く じ　あ

Yeah, I'll see you at nine.

7. 문장 성분

句子 成 分 Sentence component
jùzǐ chéngfèn 文章成分 ぶんしょうせいぶん

문장은 생각이나 감정을 말과 글로 표현할 때 완결된 내용을 나타내는 최소의 단위이다. 문장성분은 문장을 구성하는 기능적 단위이다.

句子 是 用 话 和 文字 表达 想法 或 感 情 时,
jùzǐ shì yòng huà hé wénzì biǎodá xiangfǎ huò gǎnqíng shí,

表达 完 结 内 容 的 最小 单 位 句子 成 分 是
biǎodá wánjié nèiróng de zuìxiǎo dānwèi。jùzǐ chéngfèn shì

构 成 句子的 功 能 单 位
gòuchéng jùzǐ de gōngnéng dānwèi。

文章は考えや感情を言葉と文で表現する時、完結した内容を表す最小の単位である。文章成分は文章を構成する機能的単位である。

A sentence is the minimum unit that represents the complete content when expressing an idea or emotion in speech and writing. Sentence components are the functional units that make up a sentence.

◆ 품사와 문장성분 cílèi hé jùzǐ chéngfèn 词类 和 句子 成 分 品詞と文章成分 Parts of

speech and sentence components

품사는 단어가 가지고 있는 본성을 기준으로 나눈 것이고, 문장성분은 문장 안에서 어떤 기능을 하느냐에 따라 나눈 것이다.

词类 是 以 单词 的 本性 为 基准 分类 的，句子 成 分
cílèi shì yǐ dāncí de běnxìng wèi jīzhǔn fēnlèi de, jùzǐ chéngfèn

是 根据 在 句子 中 的 功能 来 分类 的。
shì gēnjù zài jùzǐ zhōng dì gōngnéng lái fēnlèi de。

品詞は単語が持っている本性を基準に分けたものであり、文章成分は文章の中でどんな機能をするかによって分けたものである。

Parts of speech are categorized by the nature of the word, while sentence components are categorized by the function they play in a sentence.

'남자'의 품사는 명사이지만, '남자'는 문장에서 어떤 기능을 하느냐에 따라 주어, 목적어, 관형어, 부사어, 서술어의 역할을 한다.

男人 的 词类 虽然 是 名词 但 男人
"남자(nánrén)" de cílèi suīrán shì míngcí, dàn "남자(nánrén)"

根据 在 句子 中 的 功能 起到 主语 宾语 定语
gēnjù zài jùzi zhōng dì gōngnéng, qǐ dào zhǔyǔ、bīnyǔ、dìngyǔ、

副词语 谓 语 独立语 的 作 用
fùcíyǔ、wèiyǔ、dúliyǔ dì zuòyòng。

「남자(男)」の品詞は名詞だが、「남자(男)」は文章でどんな機能をするかによって主語、目的語、冠形語、副詞語、述語、独立語の

やくわり
役割をする。

The part of speech '남자(man)' is a noun, but '남자' serves as a subject, an object, an adnominal, an adverbial, a predicate, and an independent word depending on what function it performs in the sentence.

저 남자 정말 잘 생겼지? (주어)
那个 男 人 长 得 真 帅 吧
nàge nánrén zhǎng děi zhēnshuài ba?

おとこ　ほんとう
あの男は本当にハンサムでしょう？

Isn't he really handsome?

저 남자 좀 봐. (목적어)
看 看 那 个 男 人
kànkan nàge nánrén。

おとこ　み
あの男を見て。

Look at him.

남자 마음, 여자 마음 (관형어)
男 人 心 女 人 心
nánrén xīn nǚrén xīn

おとこごころ　おんなごころ
男心、女心

A man's heart, a woman's heart

남자에게도 눈물이 있다. (부사어)
男 人 也 有 眼 泪
nánrén ye you yǎnlèi。

おとこ　なみだ
男にも涙がある。

Men also have tears.

저 사람이 바로 그 남자이다. (서술어)

那个 人 就 是 那个 男人
nàge rén jiù shì nàge nánrén。

あの人(ひと)がまさにその男(おとこ)である。

That's the man.

남자들아, 이 말만은 잊지 말자. (독립어)

男人 们 不要 忘记 这 句 话
nánrén men, búyào wàngjì zhè jù huà。

男(おとこ)たちよ、この言葉(ことば)だけは忘(わす)れないようにしよう。

Guys, let's not forget this.

◆ 격조사 gézhùcí 格助詞(かくじょし) Case marker

격조사는 체언이나 체언 구실을 하는 말 뒤에 붙어 앞말이 다른 말에 대하여 일정한 자격을 나타내는 조사이다.

格助词 是 附着 在 体词 或 体词 作 用 的 话 后 面 对
gézhùcí shì fùzhuó zài tǐcí huò tǐcí zuòyòng de huà hòumiàn, duì

前言 不同 的 话 表 示 一定 资格 的 助词
qiányán bùtóng de huà biǎoshì yídìng zīgé de zhùcí。

格助詞(かくじょし)は体言(たいげん)や体言(たいげん)の役割(やくわり)をする言葉(ことば)の後(うし)ろについて前(まえ)の言葉(ことば)が他(た)の言葉(ことば)に対(たい)して持(も)つ一定(いってい)の資格(しかく)を示(しめ)す助詞(じょし)である。

A case marker is a postpositionial particle attached to the end of a substantive or a word that serves as a substantive to indicate a certain qualification that the preceding word has with respect to another word.

7.1. 주어 zhǔyǔ 主語 (しゅご) Subject

주어는 문장성분의 하나로, 서술어가 나타내는 동작이나 상태의 주체가 되는 말이다.

主语 是 句子 成 分 之一 是 谓语 表现 出 的
zhuyǔ shì jùzi chéngfèn zhīyī, shì wèiyu biǎoxiàn chū de

动作 或 状 态 的 主体
dòngzuò huò zhuàngtài de zhutǐ。

主語(しゅご)は文章成分(ぶんしょうせいぶん)の一(ひと)つで、述語(じゅつご)が表(あらわ)す動作(どうさ)や状態(じょうたい)の主体(しゅたい)となる言葉(ことば)である。

The subject is one of the sentence components, and is the subject of the action or state represented by the predicate.

◆ 주격 조사 zhǔgé zhùcí 主格助詞 (しゅかく じょし) Subject case marker

주격 조사는 문장 안에서, 체언이나 체언 구실을 하는 말 뒤에 붙어 주어의 자격을 가지게 하는 격조사이다. '이/가', '께서', '에서' 따위가 있다.

主格助词在 句子 中 附在体词或 体词的词后面 使
zhǔgé zhùcí zài jùzi zhōng, fù zài tǐcí huò tǐcí de cí hòumiàn, shǐ

主 格 助 词 具有 主语 资格 的 格 助 词 有
zhǔgé zhùcí jùyou zhuyǔ zīgé de gézhùcí。yǒu "이/가"、"께서"、"에

서" děng。 等

主格助詞は文章の中で、体言や体言の役割をする言葉の後ろについて主語の資格を持たせる格助詞である。「이/가」、「께서」、「에서」などがある。

The subject case marker is a case marker that is attached to the substantive or after a word that serves as a substantive word in a sentence to have the qualifications of the subject. There are '이/가', '께서', '에서', etc.

▎참고: 중국어와 한국어의 문자체계

中　韩　文字　体系
zhōng hán wénzì tǐxì

中国語と韓国語の文字体系

Chinese and Korean Character Systems

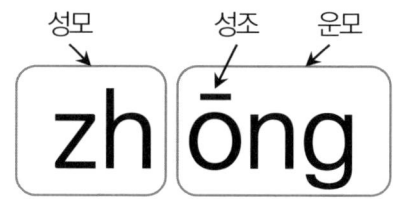
성모　성조　운모

중국어는 성모와 운모로 구성되어 있다.
汉语由　声　母和韵母组成
hànyǔ yóu shēngmǔ hé yùnmu zǔchéng。

中国語は声母と韻母で構成されている。

Chinese consists of shēngmǔ and yùnmǔ.

한 = ㅎ + ㅏ + ㄴ
　　　초성　중성　종성(받침)

한국어는 초성, 중성, 종성 3분법으로 구성된다.
韩语　由　初 声、中 声、终 声　收音　三 分 法
hányǔ yóu chūshēng、zhōngshēng、zhōngshēng (shōuyīn) sānfēnfa

组 成
zǔchéng。

韓国語は初声、中性、終声の3分法で構成される。

The Korean language consists of the initial, middle, and final ternary system.

▶ 이/가

받침이 있는 명사에는 '이'가 붙고, 받침이 없는 명사에는 '가'가 붙는다.

有　收音的名词加上　　没有　收音的名词
yǒu shōuyīn de míngcí jiāshàng "이", méiyǒu shōuyīn de míngcí

加 上
jiāshàng "가"。

終声(パッチム)のある名詞には「이」がつき、終声(パッチム)のない名詞には「가」がつく。

'이' is attached to a noun ending in a consonant letter while '가' is attached to a noun ending in a vowel letter.

영철이 현숙을 사랑해.　　　철수가 영미를 사랑해.
永 哲 爱 贤 淑　　　　　　哲 洙 爱 英 美
yǒngzhé ài xiánshú。zhézhū ài yīngměi。

ヨンチョル、ヒョンスクを愛してる。チョルスがヨンミを愛してる。

Youngchul loves Hyunsuk.　Cheolsoo loves Youngmi.

▶ 께서

'께서'는 사람을 나타내는 체언 뒤에 붙어 그 사람을 높임과 동시에 문장의 주어임을 나타내는 격조사이다. 주격 조사 '이/가'의 높임말이며, 이때 서술어에는 높임을 나타내는 선어말어미 '-시-'를 붙인다.

"께서" shì tiē zài biǎoshì rén de tǐcí hòumiàn, zài tígāo tā de tóngshí, shì jùzi de zhǔyǔ de gézhùcí。zhǔgé zhùcí "이/가" de jìngyǔ, zhèshí zài wèiyǔ shàng jiāshàng biǎoshì jìngyǔ de xiānyǔmòcíwěi "-시-"。

「께서」は人を表す体言の後ろについて、その人を高めると同時に文章の主語であることを表す格助詞である。主格助詞「이/가」の尊敬語であり、この時、述語には尊敬を表す述語の語尾「-시-」をつける。

'께서' is a subject case marker that is attached after a substantive representing a person to respect that person and at the same time is the subject of a sentence. It is a honorific terms of '이/가', and at this time, a prefinal ending '-시-', which indicates a high, is added to the predicate.

아버님께서 신문을 보신다. (보- + -시- + -ㄴ다)

爸爸 在 看 报 纸
bàba zài kàn bàozhǐ。

お父さんが新聞を読む。

My father reads the newspaper.

▶ 에서

'에서'는 단체를 나타내는 명사 뒤에 붙어 주어임을 나타내는 격조사이다.

"에서" 是 表示 团体的 名词 后面 加上 主语的 格助词
shì biǎoshì tuántǐ de míngcí hòumiàn jiāshàng zhuyǔ de gézhùcí。

「에서」は団体を表す名詞の後ろについて主語であることを表す格助詞である。

'에서' is a subject case marker that is attached to the noun representing the group and indicates that it is a subject.

우리 학교<u>에서</u> 우승을 차지했다.
我 们 学 校 得 了 冠 军
wǒmen xuéxiào dé le guànjūn。

私たちの学校で優勝した。

My school won the championship.

7.2. 목적어 bīnyǔ 目的語 Object 宾语

목적어는 문장성분의 하나로, 타동사가 쓰인 문장에서 동작의 대상이 되는 말이다.

宾 语 是 句 子 成 分 之 一 是 在 使 用 他 动 词 的 句 子
bīnyǔ shì jùzi chéngfèn zhīyī, shì zài shǐyòng tādòngcí de jùzi

中 成 为 动 作 的 对 象
zhōng chéngwéi dòngzuò de duìxiàng。

目的語は文章成分の一つで、他動詞が書かれた文章で動作の対象になる言葉である。

An object is one of the sentence components, and is a word that is the object of an action in a sentence in which a transitive verb is used.

◆ 목적격 조사 bīngé zhùcí 宾格助词 目的格助詞 Object case marker

목적격 조사는 문장 안에서, 체언이나 체언 구실을 하는 말 뒤에 붙어 목적어 자격을 가지게 하는 격조사이다. '을/를'이 있다.

宾 格 助 词 是 在 句 子 中 附 在 体 词 或 体 词 的 词
bīngé zhùcí shì zài jùzi zhōng, fù zài tǐcí huò tǐcí de cí
后 面 使 其 具 有 宾 语 资 格 的 格 助 词 有
hòumiàn, shǐ qí jùyǒu bīnyǔ zīgé de gézhùcí。yǒu "을/를"。

目的格助詞は文章の中で、体言や体言の役割をする言葉の後ろについて目的語の資格を持たせる格助詞である。「을/를」がある。

The object case marker is a case marker that is attached to the substantive or after a word that serves as a substantive word in a sentence to have the qualifications of the object. There are '을/를'.

받침이 있는 명사에는 '을'이 붙고, 받침이 없는 명사에는 '를'이 붙는다.

有 收 音 的 名 词 加 上 没 有 收 音 的 名 词
yǒu shōuyīn de míngcí jiāshàng "을", méiyǒu shōuyīn de míngcí

加上
jiāshàng "를".

終声(パッチム)のある名詞には「을」がつき、終声(パッチム)のない名詞には「를」がつく。

'을' is attached to a noun ending in a consonant letter while '를' is attached to a noun ending in a vowel letter.

영철이 현숙을 사랑해.   철수가 영미를 사랑해.

7.3. 서술어 wèiyǔ 述語 Predicate

서술어는 한 문장에서 주어의 움직임, 상태, 성질 따위를 서술하는 말이다.

谓语是在一个句子中叙述主语运动、状态、
wèiyǔ shì zài yígè jùzi zhōng xùshù zhǔyǔ yùndòng、zhuàngtài、

性质 等 的 意思
xìngzhi děng de yìsi。

述語は一つの文章で主語の動き、状態、性質などを叙述する言葉である。

A predicate is a word that describes the movement, state, nature, etc. of the subject in a sentence.

◆ 서술격조사 wèizhùcí 叙述格助詞 Predicate case marker
谓助词 (じょじゅつかくじょし)

서술격조사 '이다'는 문장 안에서, 체언 뒤에 붙어 서술어 자격을 가지게 하는 격조사이다.

谓助词 在句子中 附在体词后面 使其具有
wèizhùcí "이다" zài jùzi zhōng, fù zài tǐcí hòumiàn, shǐ qí jùyǒu

谓语资格的格助词
wèiyǔ zīgé de gézhùcí。

叙述格助詞「이다」は、文章の中で、体言の後について述語の資格を持たせる格助詞である。

A predicative case marker '이다' is a case marker that qualifies as a predicate within a sentence, after a substantive.

이것은 책이다.
这 是 书
zhè shì shū。

これは本である。

This is a book

저것은 사과이다.
那 是 苹果
nà shì píngguǒ。

あれはりんごである。

That is an apple.

7.4. 관형어 dìngyǔ 定语 冠形語 かんけいご Adnominal

관형어는 체언 앞에서 체언의 뜻을 꾸며 주는 구실을 하는 문장 성분이다.

定语 是 在 体词 面前 起 到 修饰 体词 意思 作用 的 句子 成 分
dìngyǔ shì zài tǐcí miànqián qǐ dào xiūshì tǐcí yìsi zuòyòng de jùzi chéngfèn。

冠形語は体言の前で体言の意味を飾る役割をする文章成分である。

An adnominal is a sentence component that plays the role of modifying the meaning of a substantive in front of a substantive.

◆ 관형격 조사 guànxínggé zhùcí 冠形格助詞 かんけいかくじょし Adnominal case marker

관형격 조사 '의'는 문장 안에서, 앞에 오는 체언이나 체언 구실을 하는 말이 뒤에 오는 체언이나 체언 구실을 하는 말의 관형어임을 보이는 격조사이다.

冠形格助词 是 指 在 句子 中, 前面 的 体词 或 起到 体词 作用 的 话 是 后面 体词 或 体词 作用 的 话 的 定语 的 格助词
guànxínggé zhùcí "의" shì zhǐ zài jùzi zhōng, qiánmiàn de tǐcí huò qǐ dào tǐcí zuòyòng de huà shì hòumiàn tǐcí huò tǐcí zuòyòng de huà de dìngyǔ de gézhùcí。

冠形格助詞「의」は文章の中で、前に来る体言や体言の役割をす

る言葉が後に来る体言や体言の役割をする言葉の冠形詞であること
を示す格助詞である。

The adnominal case marker '의' is a case marker that is attached to the substantive or after a word that serves as a substantive word in a sentence to have the qualifications of the adnominal.

▶ 의

1. 뒤 체언이 나타내는 대상이 앞 체언에 소유되거나 소속됨을 나타내는 격조사이다.

"의" 是 表 示 后 体词 表 现 的 对 象 属 于 或 隶 属 于
shì biǎoshì hòu tǐcí biǎoxiàn de duìxiàng shǔyú huò lì shǔyú

前 体词 的 格 助 词
qián tǐcí de gézhùcí.

「의」は後体言が表す対象が前体言に所有されたり所属されることを示す冠形格助詞である。

'의' is a case marker indicating that the object denoted by the latter substantive possesses or belongs to the preceding substantive.

내의 옷
我 的 衣服
wǒ de yīfú

私の服

My clothes

2. 앞 체언이 뒤 체언이 나타내는 행동이나 작용의 주체임을 나타내는

격조사이다.

"의" 是 表示 前 体词 是 后 体词 表现 的 行动 或
shì biǎoshì qián tǐcí shì hòu tǐcí biǎoxiàn de xíngdòng huò

作用 主体 的 格 助 词
zuòyong zhǔtǐ de gézhùcí。

「의」は前の体言が後の体言が表す行動や作用の主体であることを示す冠形格助詞である。

'의' is a case marker indicating that the preceding substantive is the subject of the action or action indicated by the latter.

우리의 각오
我 们 的 觉 悟
wǒmen de juéwù

我らの覚悟

Our commitment

3. 앞 체언이 뒤 체언이 나타내는 대상을 만들거나 이룬 형성자임을 나타내는 격조사.

"의" 是 表示 前 体词 是 后 体词 表现 的 对象 或
shì biǎoshì qián tǐcí shì hòu tǐcí biǎoxiàn de duìxiàng huò

形 成 者 的 格 助 词
xíngchéngzhě de gézhùcí。

「의」は前の体言が後の体言が表す対象を作ったり成し遂げた形成者であることを示す冠形格助詞である。

'의' is a case marker indicating that the preceding substantive is the creator of or accomplished the object indicated by the latter substantive.

다윈의 진화론
达尔文的进化论
dáěrwén de jìnhuàlùn

ダーウィンの進化論(しんかろん)

Darwin's theory of evolution

■ 참고: '내'의 용법 "내" de yòngfǎ 「내」の用法(ようほう) Usage of '내'

'내'는 인칭대명사 '나'에 관형격 조사 '의'가 결합하여 줄어든 말이다.
"내" shì rénchēng dàicí "나" hé guànxínggé zhùcí "의" xiāng jiéhé de suōluè yǔ。

「내」は人称代名詞(にんしょうだいめいし)「나」に冠形格助詞(かんけいかくじょし)「의」が結合(けつごう)して減った言葉(ことば)である。

'내' is a shortened word by combining the personal pronoun '나' with the adnominal case marker '의'.

내 것 (내 = 나의)
我的
wǒ de

我(わ)が物(もの)

Mine

내 가방이 그것이다. (내 = 나의)
我的包就是那个
wǒ de bāo jiù shì nàge。

私[わたし]のかばんがそれである。

That's my bag.

7.5. 부사어 zhuàngyǔ 副詞語[ふくしご] Adverbial

부사어는 용언(동사, 형용사) 앞에서 용언의 뜻을 꾸며주거나 문장 전체를 꾸며주는 역할을 하는 문장 성분이다.

状 语 是 指 在 谓 词 动 词   形 容 词   前 修 饰 谓 词
zhuàngyǔ shì zhǐ zài wèicí (dòngcí、xíngróngcí) qián xiūshì wèicí

的 意思 或 修 饰 整 个 文 章   的 句子 成 分
de yìsi huò xiūshì zhěngge wénzhāng de jùzi chéngfèn。

副詞語[ふくしご]は用言[ようげん](動詞[どうし]、形容詞[けいようし])の前[まえ]で用言[ようげん]の意味[いみ]を飾[かざ]ったり、文章全体[ぶんしょうぜんたい]を飾[かざ]る役割[やくわり]をする文章成分[ぶんしょうせいぶん]である。

An adverbial is a sentence component that precedes a predicate (verb, adjective) and serves to modify the meaning of the predicate or the sentence as a whole.

◆ 부사격 조사 fùcígé zhùcí 副詞格助詞[ふくしかくじょし] Adverbial case marker

부사격 조사는 문장 안에서, 체언 뒤에 붙어 부사어 자격을 가지게 하는 격조사이다.

副词格 助 词 是 句子 中   体词 后 面   附 加 的 使 具 有
fùcígé zhùcí shì jùzi zhōng、tǐcí hòumiàn fùjiā de shǐ jùyǒu

状 语 资格 的 格 助 词
zhuàngyǔ zīgé de gézhùcí。

副詞格助詞は、文章の中で、体言の後ろについて副詞語の資格を持たせる格助詞である。

In a sentence, an adverbial case marker is a case marker that follows the substantive and qualifies as an adverbial.

▶ 에

1. 앞말이 처소의 부사어임을 나타내는 부사격조사이다.

"에" 是 表示 前面 是 处所 的 状 语 的 副词格 助词
shì biǎoshì qiánmiàn shì chusuǒ de zhuàngyǔ de fùcígé zhùcí。

「에」は前の言葉が処所の副詞語であることを表す副詞格助詞である。

'에' is an adverbial case marker indicating that the preceding word is an adverbial of place.

옷에 먼지가 묻다.
衣服 上 沾 了灰尘
yīfu shàng zhān le huīchén。

着物にほこりが付く。

Dust on clothes.

2. 앞말이 시간의 부사어임을 나타내는 부사격조사이다.

"에" 是 表示 前面 的话 是 时间的 状 语 的 副词格 助词
shì biǎoshì qiánmiàn de huà shì shíjiān de zhuàngyǔ de fùcígé zhùcí。

「에」は前の言葉が時間の副詞語であることを表す副詞格助詞である。

'에' is an adverbial case marker indicating that the preceding word is an adverbial of time.

나는 아침에 운동을 한다.
我 早 上 运 动
wo zǎoshàng yùndòng。

私は朝運動をする。

I work out in the morning.

▶ 에서

1. '에서'는 앞말이 행동이 이루어지고 있는 처소임을 나타내는 부사격조사이다.
　　　　 是 表 示 前 面 所 说 的 行动 地点 的 副词格
"에서" shì biǎoshì qiánmiàn suǒ shuō de xíngdòng dìdiǎn de fùcígé

助 词
zhùcí。

「에서」は前の言葉が行動が行われている場所であることを表す副詞格助詞である。

'에서' is an adverbial case marker indicating that the antecedent is the place where the action is taking place.

우리는 아침에 도서관에서 만나기로 하였다.
我 们 约 好 早 上 在 图 书 馆 见 面
wǒmen yuē hao zǎoshàng zài túshūguǎn jiànmiàn。

私_{わたし}たちは朝_{あさ}、図書館_{としょかん}で会_あうことにした。

We agreed to meet at the library in the morning.

2. '에서'는 앞말이 출발점임을 나타내는 부사격조사이다.
"에서" 是 表示 前面 的 话 为 出 发 点 的 副词格 助词
"에서" shì biǎoshì qiánmiàn de huàwéi chūfādiǎn de fùcígé zhùcí.

「에서」は前_{まえ}の言葉_{ことば}が出発点_{しゅっぱつてん}であることを表_{あらわ}す副詞_{ふくし}格助詞_{かくじょし}である。

'에서' is an adverbial case marker indicating that the preceding word is the starting point.

서울에서 몇 시에 출발할 예정이냐?
你 打 算 几 点 从 首 尔 出 发
ni dǎsuàn ji diǎn cóng shouěr chūfā?

ソウルから何時_{なんじ}に出発_{しゅっぱつ}する予定_{よてい}か？

What time do you plan to depart from Seoul?

▶ 로

'로'는 앞말이 도구, 자료, 자격, 원인, 방향을 나타내는 부사격조사이다.
"로" 是 表示 工具 资料 资格 原因 方向 的 副词格 助词
"로" shì biǎoshì gōngjù、zīliào、zīgé、yuányīn、fāngxiàng de fùcígé zhùcí.

「로」は前_{まえ}の言葉_{ことば}が道具_{どうぐ}、資料_{しりょう}、資格_{しかく}、原因_{げんいん}、方向_{ほうこう}を表_{あらわ}す副詞_{ふくし}格助詞_{かくじょし}である。

'로' is an adverbial case marker in which the preceding word indicates tools, data, qualifications, causes, and directions.

나무로 집을 짓는다.
用 木 头 盖 房 子
yòng mùtóu gài fángzi。

木で家を建てる。
き いえ た

Build a house out of wood.

'로'는 지위나 신분 또는 자격을 나타내는 부사격조사이다.
　　　是 表 示 地 位　身 份　或　资 格 的 副词格 助 词
"로" shì biǎoshì dìwèi、shēnfèn huò zīgé de fùcígé zhùcí。

「로」は地位や身分または資格を表す副詞格助詞である。
　　　ちい　みぶん　　　　しかく　あらわ　ふくしかくじょし

'로' is an adverbial case marker indicating position, status, or qualification.

그는 막내로 태어났다.
他 是 老 幺
tā shì lǎoyāo。

彼は末っ子として生まれた。
かれ すえ こ　　　　う

He was born the youngest.

▶ 보다

서로 차이가 있는 것을 비교하는 경우, 비교의 대상이 되는 말에 붙어 '~에 비해서'의 뜻을 나타내는 부사격조사이다.
　　　　　　　是 比较 彼此 有　差异 的　情 况　时 加 上　比较
"보다" shì bǐjiào bǐcǐ yǒu chāyì de qíngkuàng shí, jiāshàng bǐjiào

对象 的话 表示 相比 的意思的副词格助词
duìxiàng de huà, biǎoshì "~xiāngbǐ" de yìsī de fùcígé zhùcí。

「보다」は互いに差があることを比較する場合、比較の対象となる言葉について「~に比べて」の意味を表あらわす副詞格助詞である。

When comparing what is different from each other, '보다' is an adverbial case marker that attaches to the word to be compared and means 'compared to'.

내가 너<u>보다</u> 크다.
我 比 你 高
wǒ bi nǐ gāo。

私があなたより大きい。

I'm taller than you.

▌참고: '보다'의 다른 용법과 의미

　　　　的 另 一 种 用 法 与 意义
"보다" de lìng yì zhǒng yòngfǎ yǔ yìyì

「見る」の他の用法と意味

Other uses and meanings of '보다'

'보다'는 형태는 같지만 '어떤 수준에 비하여 한층 더'의 부사로 쓰이기도 하고, '눈으로 대상의 존재나 형태적 특징을 알다'의 동사로 쓰이기도 한다.

　　　　虽 然 形 态 相 同 但 有 时 用 作 比 某 种
"보다" suīrán xíngtài xiāngtóng, dàn yǒushí yòngzuò "bi mouzhong

水 平 更 上 一 层 楼 的副词有时 用 作 用 视觉知道
shuǐpíng gèngshàngyìcéng lóu" de fùcí, yǒushí yòngzuò" yòng shìjué zhīdào

对 象 的 存 在 或 形 态 特 征 的 动词
duìxiàng de cúnzài huò xíngtài tèzhēng" de dòngcí。

「보다」は形態は同じだが「ある水準に比べてさらに」の副詞として使われたり、「目で対象の存在や形態的特徴を知る」の動詞として使われたりもする。

Although the form of '보다' is the same, it is used as an adverb of 'more than any level', and it is also used as a verb of 'knowing the existence or morphological characteristics of an object with eyes'.

보다 높게 (부사)
高 于
gāoyú

より高く

higher than

나는 영화를 보았다. (동사)
我 看 了 电 影
wǒ kàn le diànyǐng。

私は映画を見た。

I watched a movie.

7.6. 보어 bǔyǔ 補語 Complement

보어는 주어와 서술어만으로는 뜻이 완전하지 못한 문장에서, 그 불완전한 곳을 보충하여 뜻을 완전하게 하는 수식어이다.
补语 是 仅 靠 主 语 和 谓 语 在 意 思 不 完 整 的 句 子 中
bǔyǔ shì jǐn kào zhǔyǔ hé wèiyǔ zài yìsi bù wánzhěng de jùzi zhōng,

补 充 其 不 完 整 的 部分 来 完 善 意思 的 修饰语
bǔchōng qí bù wánzhěng de bùfen lái wánshàn yìsi de xiūshìyǔ。

補語は主語と述語だけでは意味が完全ではない文章で、その不完全なところを補充して意味を完全にする修飾語である。

A complement is a modifier that fills in the gaps in a sentence where the subject and predicate alone do not complete the meaning.

◆ 보격 조사 bǔgé zhùcí 補格助詞 Complement case marker

보격 조사는 문장 안에서, 체언이나 체언 구실을 하는 말 뒤에 붙어 보어 자격을 가지게 하는 격조사이다.

补格助词 "이/가" zài jùzi zhōng, fù zài tǐcí huò tǐcí hòumiàn, shǐ zhī jùyǒu zīgé de gézhùcí。

補格助詞「이/가」は文章の中で、体言や体言の役割をする言葉の後ろについて補語資格を持たせる格助詞である。

In a sentence, a complement case marker '이/가' is a case marker that qualifies as a complement after a substantive or that phrase.

철수는 위대한 학자가 되었다.
哲洙 成 了 伟大 的 学 者
zhézhū chéng le wěidà de xuézhě。
チョルスは偉大な学者になった。
Chulsoo became a great scholar.

그는 보통 인물이 아니다.

他 非同 一般 的 人物
tā fēitóng yìbān de rénwù。

かれ ふつう じんぶつ
彼は普通の人物ではない。

He is no ordinary person.

7.7. 독립어 dúlìyǔ 独立語 どくりつご Independent word

독립어는 문장의 다른 성분과 밀접한 관계없이 독립적으로 쓰는 말이다. 호격 조사가 붙은 명사, 감탄사, 제시어, 대답하는 말, 문장 접속 부사 따위가 이에 속한다.

独立语 是 与 文章 的其他 成 分无关 的独立使用
dúlìyǔ shì yǔ wénzhāng de qítā chéngfèn wúguān de dúlì shǐyòng

的 词 带有 呼格 助词 的 名词 感叹词 提示语 回答语
de cí。dàiyǒu hūgé zhùcí de míngcí、gǎntàncí、tíshìyǔ、huídáyǔ、

文 章 连接 副词 等 都 属于 这 一 类
wénzhāng liánjiē fùcí děng dōu shǔyú zhè yí lèi。

どくりつご ぶんしょう ほか せいぶん みっせつ かんけい どくりつてき つか ことば
独立語は文章の他の成分と密接な関係なく独立的に使う言葉で
こかく じょし めいし かんたんし ていじご こた ことば ぶんしょう
ある。呼格助詞がついた名詞、感嘆詞、提示語、答える言葉、文章
せつぞく ふくし ぞく
接続副詞などがこれに属する。

An independent word is a sentence component that stands on its own, not closely related to the other parts of a sentence. Examples include nouns with vocative case markers, exclamations, suggestive words, responsive words, and sentence-connecting adverbs.

◆ 호격조사 hūgé zhùcí 呼格助詞 Vocative case marker

호격 조사는 문장 안에서, 체언이나 체언 구실을 하는 말 뒤에 붙어 독립어 자격을 가지게 하는 격조사이다. '영숙아'의 '아', '철수야'의 '야'가 있다.

呼格助词是在句子中附在体词或体词后面使其具有独立语资格的格助词。有 "영숙아" 的 "아"、"철수야" de "야" 之类的。
hūgé zhùcí shì zài jùzi zhōng, fù zài tǐcí huò tǐcí hòumiàn, shǐ qí jùyǒu dúlìyǔ zīgé de gézhùcí。yǒu "영숙아" de "아"、"철수야" de "야" zhīlèi de。

呼格助詞は文章の中で、体言や体言の役割をする言葉の後ろについて独立語の資格を持たせる格助詞である。「영숙아」の「아」、「철수야」の「야」などがある。

In a sentence, a vocative case marker is a case marker that is used to qualify as an independent word after a substantive or that phrase. There is '아' in '영숙아' and '야' in '철수야'.

영숙아, 이리 와 봐.(호격 조사)
英淑 过来 一下
yīngshū, guòlái yíxià。

ヨンスク、こっちおいで。
Young-sook, come here.

철수야, 같이 놀자.(호격 조사)
哲洙 一起玩 吧
zhézhū, yìqǐ wán ba。

チョルス、一緒に遊ぼう。

Cheolsu, let's play together.

받침이 있는 명사에는 '아'가 붙고, 받침이 없는 명사에는 '야'가 붙는다.

有 收音的名词加上 "아", 没有 收音的名词加上 "야"。
yǒu shōuyīn de míngcí jiāshàng "아", méiyǒu shōuyīn de míngcí jiāshàng "야"。

終声(パッチム)のある名詞には「아」がつき、終声(パッチム)のない名詞には「야」がつく。

'아' is attached to a noun ending in a consonant while '야' is attached to a noun ending in a vowel.

아, 달이 밝다. (감탄사)

啊 月 亮 亮 了
ā, yuèliang liāng le。

あ、月が明るい。

Oh, the moon is bright.

청춘, 이것은 듣기만 해도 가슴이 설레는 말이다. (제시어)

青春 这 是 一 听 就 激动 地 话
qīngchūn, zhè shì yì tīng jiù jīdòng dì huà。

青春、これは聞くだけで胸がときめく言葉である。

Youth, this is a word that makes my heart flutter just to hear.

예, 맞습니다. (대답)
是 的 没 错
shì de, méi cuò。

はい、そのとおりである。

Yes, that's right.

날씨가 흐리다. 그러나 비는 오지 않는다. (접속부사)
天 阴 了 但 是 不 会 下 雨
tiān yīnle。dànshì bú huì xiàyǔ。

天気が曇っている。しかし、雨は降らない。

It is cloudy, but it does not rain.

■ 참고: 조사는 격조사 이외에 보조사와 접속 조사가 있다. 보조사는 체언, 부사, 활용 어미 따위에 붙어서 어떤 특별한 의미를 더해 주는 조사이다. '은', '는', '도', '만', '까지', '마저', '조차', '부터', '뿐' 등이 있다.

助词除 格助词外 还有 辅助词和接续助词 辅助词是 附加
zhùcí chú gézhùcí wài, háiyǒu fǔzhùcí hé jiēxù zhùcí。fǔzhùcí shì fùjiā

在 体词 副词 活用 词尾 等 增添 某 种 特别意义 的 助 词
zài tǐcí、fùcí、huóyòng cíwei děng, zēngtiān mouzhǒng tèbié yìyi de zhùcí。

有   等
yǒu "은/는"、"도"、"만"、"까지"、"마저"、"조차"、"부터", "뿐" děng。

助詞は格助詞の他に、補助詞と接続助詞がある。補助詞は体言、副詞、活用語尾などについて、ある特別な意味みを加える助詞。「은/는」、「도」、「만」、「까지」、「마저」、「조차」、「부터」、「뿐」などがある。

In addition to the case marker, the postpositional particle includes the auxiliary postpositional particle and the connection postpositional particle. The auxiliary postpositional particle is a postpositional particle that adds a special meaning by attaching to a substantive, an adverb, and a conjugated ending. There are '은/는', '도', '만', '까지', '마저', '조차', and '부터'.

▶ 은/는

'은/는'은 어떤 대상이 다른 것과 대조될 때, 문장 속에서 어떤 대상이 화제임을 나타낼 때, 문장 속에서 강조의 뜻을 나타낼 때 쓰이는 보조사이다.

"은/는" shì yòngyú yǔ mǒuge duìxiàng yǔ qítā duìxiàng xíngchéng duìbǐ shí, zài jùzi zhōng biǎomíng mǒuge duìxiàng shì huàtí shí, zài jùzi zhōng qiángdiào de yìsī shí shǐyòng de fǔzhùcí。

「은/는」はある対象が他のものと対照される時、文章の中である対象が話題であることを表す時、文章の中で強調の意味を表す時に使われる補助詞である。

'은/는' is an auxiliary postpositional particle used to express the meaning of emphasis in a sentence when an object is contrasted with another, when an object is a topic in a sentence.

오늘은 금요일이다.
今天是星期五
jīntiān shì xīngqīwu。

今日は金曜日である。

Today is Friday.

나는 학생이다.
我是学生
wǒ shì xuéshēng。

私は学生である。

I am a student.

받침이 있는 체언에는 '은'이 붙고, 받침이 없는 체언에는 '는'이 붙는다.
有　收音的体词加上　　没有　收音的体词加上
yǒu shōuyīn de tǐcí jiāshàng "은", méiyǒu shōuyīn de tǐcí jiāshàng "는".
終声(パッチム)のある体言には「은」がつき、終声(パッチム)のない
体言には「는」がつく。

'은' is attached to a substantive ending in a consonant letter while '는' is attached to a substantive ending in a vowel letter.

▶ 도/만

'도'는 이미 어떤 것이 포함되고 그 위에 더함의 뜻을 나타내는 보조사이고, '만'은 어느 것을 한정함을 나타내는 보조사이다.
　　　　是　已经　包含　某　种　东西　并　在其上　表示
"도" shì yǐjīng bāohán mǒuzhǒng dōngxi bìng zài qí shàng biǎoshì
添加　意思　的　辅助词　　是　表示　限定　某　一　种　的
tiānjiā yìsī de fǔzhùcí, "만" shì biǎoshì xiàndìng mǒu yìzhǒng de
辅助词
fǔzhùcí。

「도」はすでにあるものが含まれ、その上に加える意味を表す補助詞であり、「만」はあるものを限定することを示しめす補助詞である。

'도' is an auxiliary postpositional particle that already includes something and represents the meaning of adding on top of it, and '만' is an auxiliary postpositional particle that limits something.

나는 사과도 먹었다.
我 还 吃 了 苹 果
wǒ hái chī le píngguo。

私はりんごも食べた。

I also ate an apple.

나는 사과만 먹었다.
我 只 吃 了 苹 果
wǒ zhǐ chī le píngguo。

私(わたし)はりんごだけ食(た)べた。

I only ate an apple.

▌참고: 의존명사 '만큼'과 보조사 '만큼'

依 存 名 词　　　　和 辅 助 词
yīcún míngcí "만큼" hé fǔzhùcí "만큼"

依存名詞(いぞんめいし)「만큼」と補助詞(ほじょし)「만큼」

Bound noun '만큼' and auxiliary postpositional particle '만큼'

'만큼'은 의존명사와 보조사로 쓰인다. 의존명사 '만큼'은 "주로 어미 '-은, -는, -을' 뒤에 쓰여 앞의 내용에 상당한 수량이나 정도임을 나타내는 말이다. 보조사 '만큼'은 체언의 바로 뒤에 붙어 체언과 비슷한 정도나 한도임을 나타낸다.

　　　　　　被 用 作 依 存 名 词 和 辅助词 依 存 名 词　　 主 要
"만큼" bèi yòngzuò yīcún míngcí hé fǔzhùcí。yīcún míngcí "만큼" zhǔyào

写 在 词尾　　　　　　　　　　 后 面　表 示　前 面　内 容
xiě zài cíwěi "-은"、"-는"、"-을" hòumiàn, biǎoshì qiánmian nèiróng

相 当 的 数 量 或 程 度 辅助词　　紧 贴 在 体词 后 面
xiāngdāng de shùliàng huò chéngdù。fǔzhùcí "만큼" jǐntiē zài tǐcí hòumiàn,

表 示 与 体词 相 似 的 程 度 或 限 度
biǎoshì yu tǐcí xiāngsì de chéngdù huò xiàndù。

「만큼」は依存名詞(いぞんめいし)と補助詞(ほじょし)として使(つか)われる。依存名詞(いぞんめいし)の「ほど」は、「主(おも)に語尾(ごび)の「-은」、「-는」、「-을」の後(あと)に使(つか)われて、前(まえ)の内容(ないよう)に相当(そうとう)な数量(すうりょう)や程度(ていど)であることを表(あらわ)す言葉(ことば)である。補助詞(ほじょし)「만큼」は体言(たいげん)のすぐ後(うし)ろについて体言(たいげん)に似(に)た程度(ていど)や限度(げんど)であることを示(しめ)す。

The word '만큼' is used as a bound noun and an auxiliary postpositional particle. The bound noun '만큼' is mainly used after the ending '-은, -는, -을' to indicate that it is a significant quantity or degree of the preceding content. The auxiliary postpositional particle '만큼' is attached immediately after the substantive, indicating that it is similar to the degree or limit of substantive.

나는 노력한 만큼 대가를 얻다. (의존명사)

我 付出 多 少 就 得到 多 少 回 报
wǒ fùchū duōshao jiù dédào duōshao huíbào。

私は努力しただけの代価を得る。

I get paid for my hard work.

나는 집을 대궐만큼 크게 짓다. (보조사)

我 把 房 子 盖 得 有 宮 殿 那么 大
wǒ bǎ fángzi gài dé yǒu gōngdiàn nàme dà。

私は家を宮殿のように大きく建てる。

I build a house as big as a palace.

▌참고: 의존명사 '대로'와 보조사 '대로'

依 存 名 词 和 辅 助 词
yīcún míngcí "대로" hé fǔzhùcí "대로"

依存名詞「대로」と補助詞「대로」

Bound noun '대로' and auxiliary postpositional particle '대로'

의존명사 '대로'는 어미 '-는' 뒤에 쓰여 어떤 상태나 행동이 나타나는 그 즉시를 의미한다. 보조사 '대로'는 체언 뒤에 붙어 앞에 오는 말에 근거한다는 의미를 나타낸다.

依存 名词　　　 是 指 在 词尾　　 后面　写　上
yīcún míngcí "대로" shì zhǐ zài cíwěi "-는" hòumiàn xiě shàng,

出现　 某　种　状态　或　行动　的 瞬间　 辅助词
chūxiàn mǒuzhǒng zhuàngtài huò xíngdòng de shùnjiān. fǔzhùcí "대로"

是 指 根据 体词 后面　加上　 前面 的 话 的 意思
shì zhǐ gēnjù tǐcí hòumiàn jiāshàng qiánmian de huà de yìsi.

依存名詞の「대로」は語尾の「-는」の後ろに書かれて、ある状態や行動が現れるその瞬間を意味する。補助詞「대로」は体言の後について前に来る言葉に基づくという意味を表す。

The bound noun '대로' is used after the ending '-는' to mean the immediate appearance of a state or action. The auxiliary postpositional particle '대로' follows the substantive and indicates that it is based on what comes before it.

나는 집에 도착하는 대로 편지를 썼다. (의존명사)

我　一 到　家 就　写　了 信
wǒ yí dào jiā jiù xiě le xìn.

私は家に着くや否や手紙を書いた。

I wrote a letter as soon as I got home.

우리는 범죄를 저지르면 법대로 처벌을 받는다.(보조사)

我 们 犯 了 罪 要 依法 受 罚
wǒmen fàn le zuì yào yīfǎ shòufá.

我々は犯罪を犯すと法律に則って処罰を受ける。

We are punished according to the law if we commit a crime.

접속조사는 두 개 이상의 단어나 구 등을 같은 자격으로 이어 주는 구실을 하는 조사이다. '와', '과', '하고', '(이)나', '(이)랑' 등이 있다.

连接助词是以相同的资格连接两个或更多
liánjiē zhùcí shì yǐ xiāngtóng de zīgé liánjiē liǎng gè huò gèng duō

个单词或短语的一种助词。有
gè dāncí huò duǎnyǔ de yìzhǒng zhùcí。yǒu "와"、"과"、"하고"、"(이)

나"、"(이)랑" 等 děng。

接続助詞(せつぞくじょし)は二(ふた)つ以上(いじょう)の単語(たんご)や句(く)などを同(おな)じ資格(しかく)でつなぐ役割(やくわり)をする助詞(じょし)である。「와」、「과」、「하고」、「(이)나」、「(이)랑」などがある。

A connective postpositional particle is a postpositional particle that serves to connect two or more words or phrases with the same qualification. There are '와', '과', '하고', '(이)나', '(이)랑', etc.

나는 밥과 반찬을 먹었다.
我 吃 了 饭 和 菜
wǒ chī le fàn hé cài。

私(わたし)はご飯(はん)とおかずを食(た)べた。

I ate rice and side dishes.

나는 사과와 배를 먹었다.
我 吃 了 苹 果 和 梨
wǒ chī le píngguo hé lí。

わたしはりんごとなしをたべた。

I ate apple and pear.

받침이 있는 체언에는 '과'가 붙고, 받침이 없는 체언에는 '와'가 붙는다.

有 收音的体词加上   没有 收音的体词加上
yǒu shōuyīn de tǐcí jiāshàng "과", méiyǒu shōuyīn de tǐcí jiāshàng

"와".

終声(パッチム)のある体言には「과」がつき、終声(パッチム)のない体言には「와」がつく。

'과' is attached to a substantive ending in a consonant letter while '와' is attached to a substantive ending in a vowel letter.

▌참고: 부사격 조사 '와/과'

副词格助词
fùcígézhùcí "와/과"

副詞格助詞「와/과」

Adverbial case marker '와/과'

'와/과'는 체언이나 체언 구실을 하는 말 뒤에 붙어서, 주어나 목적어와 '서로' 또는 '함께'의 관계에 있음을 보이는 부사격조사로도 쓰인다.

　　　　　被 附加 在 体词 或 体词 作用   的 话 后 面   被
"와/과" bèi fùjiā zài tǐcí huò tǐcí zuòyòng de huà hòumiàn, bèi

用 作 表 示 与 主语 或 宾语 有   相 互 或 一起 关系
yòngzuò biǎoshì yu zhuyǔ huò bīnyǔ yǒu "xiānghù" huò "yìqǐ" guānxi

的 副词格助 词
de fùcígézhùcí.

「와/과」は体言や体言の役割をする言葉の後ろについて、主語や目的語と「互いに」または「一緒に」の関係にあることを示す副詞格助詞としても使われる。

'와/과' is also used as an adverbial case marker attached to the end of a substantive or a word that serves as a substantive word to show that the subject or object is in a relationship with each other or together.

그는 오랜만에 아내와 외출을 했다.

他 和 好 久 没 见 的 妻子 出 去 了
tā hé haojiǔ méi jiàn de qīzi chūqù le。

かれ ひさ つま で
彼は久しぶりに妻と出かけた。

He went out with his wife after a long time.

8. 형태소와 단어

词素 和 单词 形態素と単語 Morpheme and word
císù hé dāncí

문장은 절, 구, 단어, 형태소와 같은 작은 단위로 분석될 수 있다.
句子 可以 用 小 单位 分析 例如 节 句 单词 和 词素
jùzi kěyǐ yòng xiǎo dānwèi fēnxi, lìrú jié、jù、dāncí hé císù。

文章は節、句、単語、形態素のような小さな単位で分析できる。

Sentences can be analyzed in small units such as clauses, phrases, words, morphemes.

8.1. 형태소 císù 形態素 Morpheme

형태소는 뜻을 가진 가장 작은 문법 단위이다. 형태소는 자립성 유무에 따라 자립형태소와 의존형태소로, 실질적(어휘적) 의미의 유무에 따라 실질형태소와 형식형태소로 나뉜다.
词素 是 具有 意义 的 最小 语法 单位 词素 根据 有 无
císù shì jùyǒu yìyì de zuìxiǎo yǔfǎ dānwèi。císù gēnjù yǒu wú

自立性 分 为 自立 词素 和 辅助 词素 根据 有 无 实质 词汇
zìlìxìng fēnwéi zìlì císù hé fǔzhù císù, gēnjù yǒu wú shízhì(cíhuì)

意义 分 为 实质 词素 和 形式 词素
yìyi fēnwéi shízhì císù hé xíngshì císù。

形態素は意味を持つ最も小さな文法単位である。形態素は自立性の有無によって自立形態素と依存形態素に、実質的（語彙的）意味の有無によって実質形態素と形式形態素に分かれる。

A morpheme is the smallest meaningful unit of a word. Morphemes are divided into free and bound morphemes based on whether they are self-supporting or not, and into substantive and formal morphemes based on whether they have substantive (lexical) meaning or not.

◆ 자립형태소와 의존형태소 zìlì císù hé fǔzhù císù 自立形態素と依存形態素 Free morpheme and bound morpheme

자립형태소는 다른 말에 의존하지 아니하고 혼자 설 수 있는 형태소이다.

自立 词素 是 指 不 依赖 于 其他 词 而 能 够 独立 存 在 的 词素
zìlì císù shì zhǐ bù yīlài yú qítā cí ér nénggòu dúlì cúnzài de císù。

自立形態素は、他の言葉に頼らず一人で立つことができる形態素である。

A free morpheme is a morpheme that can stand alone without relying on other words.

8. 형태소와 단어 137

의존형태소는 다른 말에 의존하여 쓰이는 형태소이다.

辅助 词素 是 依赖 于 另 一个 单词 而 使用 的 词素
fǔzhù císù shì yīlài yú lìng yīgè dāncí ér shǐyòng de císù。

依存形態素は他の言葉に依存して使われる形態素である。

A bound morpheme is a morpheme that cannot stand alone and depends on other words.

자립형태소　철수-가　책-을 읽-었-다.
의존형태소　철수-가　책-을　읽-었-다.

◆ 실질형태소와 형식형태소 实质词素和形式词素 shízhì císù hé xíngshì císù 実質形態素と形式形態素 Substantive morpheme (lexical morpheme) and functional morpheme (grammatical morpheme)

실질형태소는 구체적인 대상이나 동작, 상태를 표시하는 형태소이다.

实质 词素 是 指示 特定 对象 动作 或 状态 的
shízhì císù shì zhǐshì tèdìng duìxiàng, dòngzuò huò zhuàngtài de
词素
císù。

実質形態素は具体的な対象や動作、状態を表示する形態素である。

A substantive morpheme is a morpheme that carries the core meaning of a word, also known as the lexical morpheme.

형식형태소는 실질형태소에 붙어 주로 말과 말 사이의 관계를 표시하는 형태소이다.

形式 词素 是 附着 在 实质 词素 上 主要 表示
xíngshì císù shì fùzhuó zài shízhì císù shàng, zhǔyào biǎoshì

语言 与 语言 之间 关系 的 词素
yǔyán yu yǔyán zhījiān guānxi de císù。

形式形態素は実質形態素について主に単語と単語の間の関係を表示する形態素である。

A functional morpheme is bound morphemes that do not carry the core meaning of a word but instead serve a grammatical function.

실질형태소 　철수-가 책-을 읽-었-다.
형식형태소 　철수-가- 책-을- 읽-었-다-.

8.2. 단어 dāncí 単語 Word

단어는 의미를 전달하고 하나 이상의 형태소로 구성된 언어 단위이다. 단어는 '고양이' 또는 '책'과 같이 완전한 발화로서 독립적으로 존재할 수 있는 최소한의 언어 단위이다. 단어는 결합하여 구, 절, 문장을 구성할 수 있으며, 이를 통해 더 복잡한 의미를 전달할 수 있다.

单词 是 传达 意思 由 一个 或 多 个 词素 组成 的
dāncí shì chuándá yìsi, yóu yígè huò duō gè císù zǔchéng de

语言 单位。单词 是 能够 独立 存在 的 最小 限度 的
yǔyán dānwèi。dāncí shì nénggòu dúlì cúnzài de zuìxiǎo xiàndù de

语言 单位, 如 "고양이" 或 "책" 单词可以结合组成 句、
yǔyán dānwèi, rú "고양이" huò "책" dāncí kěyǐ jiéhé zǔchéng jù、

节 句子, 通过这些可以 传达 更 复杂的意义。
jié、jùzi, tōngguò zhèxiē kěyǐ chuándá gèng fùzá de yìyi。

単語は意味を伝達し、一つ以上の形態素で構成された言語の単位である。単語は「고양이」または「책」のように完全な発話として独立して存在しうる最小限の言語単位である。単語は結合して句、節、文章を構成することができ、これを通じてより複雑な意味を伝えることができる。

A word is a unit of language that carries meaning and consists of one or more morphemes. It is the smallest unit of language that can stand alone as a complete utterance, such as '고양이' or '책'. Words can be combined to form phrases, clauses, and sentences, which can convey more complex meanings.

▎참고: 구 jù 句 Phrase

구는 둘 이상의 단어가 모여 절이나 문장의 일부분을 이루는 단위이다. 종류에 따라 명사구, 동사구, 형용사구, 관형사구, 부사구 따위로 구분한다.

句是 两个以上 单词聚集在一起 构成 节或 句子的一部分
jù shì liǎng gè yǐshàng dāncí jùjí zài yìqǐ gòuchéng jié huò jùzi de yíbùfen

的 单位。按 种类 分为 名词句 动词句 形容词句、
de dānwèi。àn zhǒnglèi fēnwéi míngcíjù、dòngcíjù、xíngróngcíjù、

冠词句 副词句 等。
guàncíjù、fùcíjù děng。

句は2つ以上の単語が集まって節や文章の一部分を成す単位であ

る。種類によって名詞句、動詞句、形容詞句、冠形詞句、副詞句などに区分する。

A phrase is a group of two or more words that together form part of a clause or sentence. Phrases are categorized into noun phrases, verb phrases, adjective phrases, admonial phrases, and adverb phrases.

■ 참고: 절 jié 節 Clause

절은 주어와 술어를 갖추었으나 독립하여 쓰이지 못하고 다른 문장의 한 성분으로 쓰이는 단위이다. 종류에 따라 명사절, 관형사절, 부사절 따위로 구분한다.

节是具有主语和谓语的 单元 但 不能 独立使用
jié shì jùyǒu zhǔyǔ hé wèiyǔ de dānyuán, dàn bùnéng dúlì shǐyòng,

而是用作另一个句子的组成 部分 按 种类 分为
ér shìyòng zuò lìng yīgè jùzi de zǔchéng bùfèn. àn zhònglèi fēnwéi

名词节 形容词节 冠词节 副词节 等
míngcíjié, xíngróngcíjié, guàncíjié, fùcíjié děng.

節は主語と述語を備えているが、独立つして使えず、他の文章の一つの成分として使われる単位である。種類によって名詞節、形容詞節、冠形詞節、副詞節などに区分する。

A clause is a unit that has a subject and predicate, but cannot stand alone and is used as a component of another sentence. Clauses are categorized into noun clauses, adjective clauses, determiner clauses, and adverb clauses.

◆ 조어법 zàocífǎ 造語法 Word-formation

조어법은 실질형태소에 형식형태소가 붙거나 실질형태소끼리 붙어 새로운 단어를 만들어 내는 방법이다.

造词法 是 在 实质 词素 上 加上 形式 词素 或 实质 词素
zàocífǎ shì zài shízhì císù shàng jiāshàng xíngshì císù huò shízhì císù

之 间 加 上 新 单词 的 方法。
zhījiān jiāshàng xīn dāncí de fāngfǎ。

造語法は、実質形態素に形式形態素がついたり、実質形態素
同士がくっついて新しい単語を作り出す方法である。

Word-formation is the process by which substantive morphemes are attached to formal morphemes, or substantive morphemes are attached to each other to form new words.

◆ 어근 cígēn 語根 Root

어근은 단어를 분석할 때, 실질적 의미를 나타내는 중심이 되는 부분이다.

词根 是 分析 单词 时 表示 实际 意义 的 中心 部分
cígēn shì fēnxi dāncí shí, biǎoshì shíjì yìyi de zhōngxīn bùfen。

語根は単語を分析する際、実質的意味を表す中心となる部分である。

When analyzing a word, the root is the central part of the word that represents its actual meaning.

◆ 어간 cígàn 語幹 Stem

어간은 활용할 때에 변하지 않는 부분이다.

词干 是 活用 时 不 变 的 部分
cígàn shì huóyòng shí bú biàn de bùfen。

語幹は活用する時に変わらない部分である。

The stem is the part of the conjugation that doesn't change.

词缀
◆ 접사 cízhuì 接辞 Affix

접사는 단독으로 쓰이지 아니하고 항상 다른 어근이나 단어에 붙어 새로운 단어를 구성하는 부분이다. 접두사와 접미사가 있다.

词缀 不 是 单独 使用 的 而是 经常 附着 在 其他
cízhuì bù shì dāndú shǐyòng de, érshì jīngcháng fùzhuó zài qítā

词根 或 单词 上 构 成 新 单词 的 部分 有 前 缀
cígēn huò dāncí shàng gòuchéng xīn dāncí de bùfen。yǒu qiánzhuì

和 后 缀
hé hòuzhuì。

接辞は単独で使われず、常に他の語根や単語に付いて新しい単語を構成する部分である。接頭辞と接尾辞がある。

An affix is not used alone but is always attached to another root or word to form a new word. It has a prefix and a suffix.

前 缀
◇ 접두사 qiánzhuì 接頭辞 Prefix

접두사는 파생어를 만드는 접사로, 어근이나 단어의 앞에 붙어 새로운 단어가 되게 하는 접사이다.

前缀 是 产生 派生词 的 词缀 是 附着 在 词根
qiánzhuì shì chǎnshēng pàishēngcí de cízhuì, shì fùzhuó zài cígēn

或 单词 前面 成 为 新 单词 的 词缀
huò dāncí qiánmiàn chéngwéi xīn dāncí de cízhuì。

　　接頭辞は派生語を作る接辞で、語根や単語の前について新しい単語になるようにする言葉である。

　　A prefix is an affix that creates a derivative word that is attached to the front of a root or word to make it a new word.

◇ 접미사 hòuzhuì 后缀 接尾辞 Suffix

　　접미사는 파생어를 만드는 접사로, 어근이나 단어의 뒤에 붙어 새로운 단어가 되게 하는 접사이다.

后缀 是 产生 派生词 的 词缀 是 附着 在 词根
hòuzhuì shì chǎnshēng pàishēngcí de cízhuì, shì fùzhuó zài cígēn

或 单词 后面 成 为 新 单词 的 词缀
huò dāncí hòumiàn chéngwéi xīn dāncí de cízhuì。

　　接尾辞は派生語を作る接辞で、語根や単語の後ろにくっついて新しい単語になるようにする言葉である。

　　A suffix is an affix that creates a derivative word that is attached to the end of a root or word to form a new word.

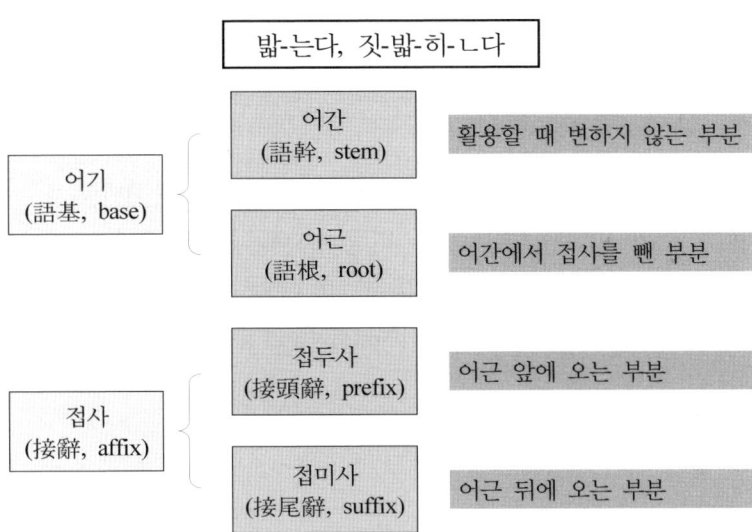

'밟는다'에서 어근과 어간은 '밟'이고, 어미는 '-는다'이다. '짓밟힌다'에서 '짓'은 접두사, '밟'은 어근, '히'는 접미사, '-ㄴ다'는 어미이다. 어간은 '짓밟히'이다. 즉, 어근은 변하지 않지만 어간은 접두사와 접미사를 포함한다.

"밟는다" zhōng dí cígēn hé cígàn shì "밟", cíwěi shì "-는다"。
zài "짓밟힌다" zhōng, "짓" shì qiánzhuì, "밟" shì cígēn, "히" shì hòuzhuì, "-ㄴ다" shì cíwěi。cígàn shì "짓밟히"。jí cígēn bú biàn, dàn cígàn bāokuò qiánzhuì hé hòuzhuì。

「밟는다」で語根と語幹は「밟」で、語尾は「-는다」である。「짓밟힌다」で「짓」は接頭辞、「밟」は語根ね、「히」は接尾辞、「-ㄴ다」は語尾で

ある。語幹は「짓밟히」ことである。すなわち、語根は変わらないが
語幹は接頭辞と接尾辞を含む。

In '밟는다', the root and the stem are '밟', and the ending is '-는다'. In '짓밟힌다', '짓' is a prefix, '밟' is a root, '히' is a suffix, and '-ㄴ다' is an ending. The stem is '짓밟히'. In other words, the root does not change, but the stem includes a prefix and a suffix.

◆ 단어 분류 dāncí fēnlèi 単語分類 Classification of words

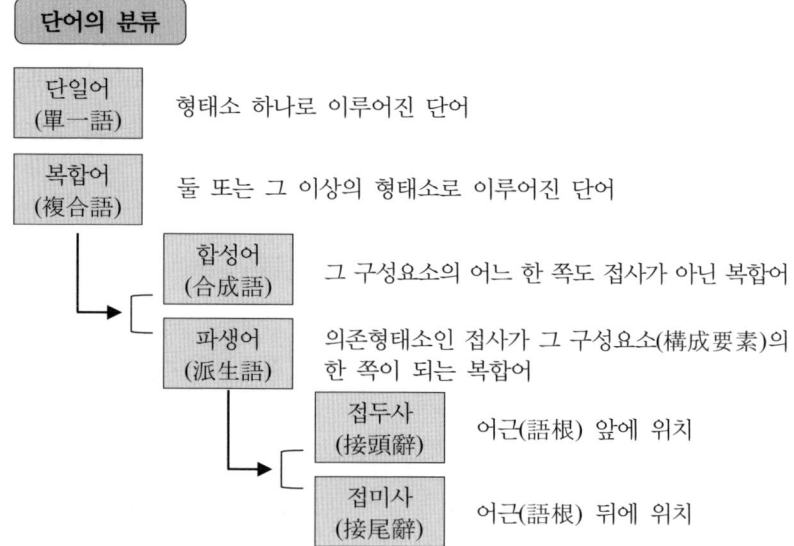

◆ 단일어 dānchúncí 単一語 Simple word
　　　単純词
　　　　　たんいつご

단일어는 하나의 실질형태소로 된 단어이다.

单纯词是一个实质词素的词
dānchúncí shì yígè shízhì císù de cí。

単一語は一つの実質形態素からなる単語である。
たんいつご　ひと　　じっしつけいたいそ　　　　　たんご

A simple word is a word with a single substantive morpheme.

◆ 복합어 fùhécí 複合語 Complex word
　　　复合词
　　　　　ふくごうご

복합어는 두 개 이상의 실질형태소가 결합된 합성어와 하나의 실질형태소에 접사가 붙은 파생어가 있다.

复合词有 2 个以上实质词素结合的合成词和 1 个
fùhécí yǒu èr gè yǐshàng shízhì císù jiéhé de héchéngcí hé yí gè

实质词素加词缀的派生词
shízhì císù jiā cízhuì de pàishēngcí。

複合語は、2つ以上の実質形態素が結合された合成語と、1つの
ふくごうご　いじょう　じっしつけいたいそ　けつごう　　ごうせいご

実質形態素に接辞がついた派生語がある。
じっしつけいたいそ　せつじ　　　　はせいご

There are two types of complex words: compound words that combine two or more substantive morphemes, and derivative words that attach an affix to a single substantive morpheme.

词例
단어의 예시 cílì 単語の例(たんごのれい) Example of a word

```
┌─────────────┐
│  단어의 예시  │
└─────────────┘
  ┌─────────┐
  │  단일어  │   눈, 코, 귀, 어느, 무슨, 가다, 오다
  │ (單一語) │
  └─────────┘
  ┌─────────┐
  │  복합어  │
  │ (複合語) │
  └─────────┘
       │    ┌─────────┐
       ├───▶│  합성어  │   돌다리, 나팔꽃, 날뛰다, 검붉다, 손쉽다,
       │    │ (合成語) │   자리잡다
       │    └─────────┘
       │    ┌─────────┐
       └───▶│  파생어  │
            │ (派生語) │
            └─────────┘
                 │    ┌─────────┐
                 ├───▶│  접두사  │   풋사랑, 군살, 맨손, 새파랗다
                 │    │ (接頭辭) │
                 │    └─────────┘
                 │    ┌─────────┐
                 └───▶│  접미사  │   잠보, 덮개, 높이, 넓이,
                      │ (接尾辭) │   자랑스럽다, 정답다
                      └─────────┘
```

▶ 단일어 dānchúncí 単一語(たんいつご) Simple word

눈, 코, 귀, 어느, 무슨, 가다, 오다
眼　鼻　耳　哪　什么　去　来
yǎn, bí, ěr, nǎ, shénme, qù, lái

目(め)、鼻(はな)、耳(みみ)、どこ、何(なん)、行(い)く、来(く)る

eyes, nose, ears, which, what, go, come

▶ 합성어 héchéngcí 合成語(ごうせいご) Compound word

돌-다리, 나팔-꽃, 날-뛰다(날다+뛰따), 검-붉다(검다+붉다), 손-쉽다,
자리-잡다

石桥 牵牛花 嚣张 乌紫 容易 落户
shíqiáo, qiānniúhuā, xiāozhāng, wūzǐ, róngyì, luòhù

いしばし　　　　あば　　　あかぐろ　　　　　　こし　す
石橋、アサガオ、暴れる、赤黒い、たやすい、腰を据える

A stone bridge, Morning glory, go wild, It's dark red, It's easy, settle down

▶ 파생어 pàishēngcí 派生詞 はせいご 派生語 Derivative word

풋-사랑, 군-살, 맨-손, 새-파랗다

初恋　赘肉　徒手　深蓝
chūliàn, zhuìròu, túshǒu, shēnlán

あわ こい　にく　すで　ま　さお
淡い恋、ぜい肉、素手、真っ青だ

puppy love, flab, bare hands, deep blue

한국어의 접두사는 단어의 품사는 바꾸지 못하고, 새로운 의미를 첨가하거나 강조의 의미를 갖는다. 접두사 '풋-'은 '미숙하다'의 의미를, '군-'은 '쓸데없는'의 의미를, '맨-'은 '다른 것이 없는'의 의미를, '새-'는 '매우 짙고 선명하게'의 의미를 첨가한다.

韩语 的 前缀 不能 改变 单词 的 词类 而是 具有
hányǔ de qiánzhuì bù néng gǎibiàn dāncí de cílèi, érshì jùyǒu

添加 新 的 意义 或 强调 的 意义 前缀 添加 了
tiānjiā xīn de yìyi huò qiángtiáo de yìyi。qiánzhuì "풋-" tiānjiā le

不 成熟 的 意思 添加 了 无用 的 意思
"bù chéngshú" de yìsi, "군-" tiānjiā le "wúyòng" de yìsi, "맨-"

添加 了 没 有 其他 的 意思 添加 了 非常 浓厚
tiānjiā le 'méiyǒu qítā' de yìsi, "새-" tiānjiā le 'fēicháng nónghòu、

鮮明 的 意思
xiānmíng' de yìsi。

韓国語の接頭辞は単語の品詞は変えることができず、新しい意味を加えたり強調の意味を持つ。接頭辞「풋-」は「未熟だ」の意味を、「군-」は「無駄な」の意味を、「맨-」は「他に何もない」の意味を、「새-」は「非常に濃く鮮明に」の意味を加える。

The Korean prefix does not change the part of speech of a word, but adds a new meaning or emphasis. The prefix '풋-' means 'immature', '군-' means 'useless', '맨-' means 'nothing else', and '새-' means 'very dark and clear'.

잠-보	덮-개	높-이	넓-이	자랑-스럽다	정-답다
睡虎子	盖子	高	宽	自豪	和谐
shuìhǔzi	gàizi	gāo	kuān	zìháo	héxié
ジャンボ	覆い	高さ	広さ	誇らしい	睦まじい
sleepyhead	cover	height	width	proud	friendly

한국어의 접미사는 어기의 뒤에 붙어 어기의 의미를 바꾸거나 문법적 성질을 바꾼다. '-보'는 어기 뒤에 붙어 어떤 특징을 가진, 어떤 행위를 특성으로 지닌 사람의 뜻을 첨가하는 접미사이다. '-개'는 동사 어간 뒤에 붙어 어떤 행위를 하는 간단한 도구의 뜻을 첨가하고 명사를 만드는 접미사이다. '-이'는 몇몇 형용사, 동사 어간 뒤에 붙어 명사를 만드는 접미사이다. '-스럽다'는 어근 뒤에 붙어 어떤 성질이 있음의 뜻을 더하고 형용사를 만드는 접미사이다. '-답다'는 일부 명사 뒤에 붙어 어떤 성질이 있음의

뜻을 더하고 형용사를 만드는 접미사이다.

韩语 的 后缀 在 語基 后面 改变 词语 的 意思 或
hányǔ de hòuzhuì zài yǔjī hòumiàn, gǎibiàn cíyǔ de yìsi huò

改变 语法 性质   是 附加 在 語基 后面 添加 具有
gǎibiàn yǔfǎ xìngzhi。"-보" shì fùjiā zài yǔjī hòumiàn, tiānjiā jùyǒu

某 种 特征 以 某种 行为 为 特征 的 人 的 意思
mǒuzhǒng tèzhēng、yǐ mǒuzhǒng xíngwéi wèi tèzhēng de rén de yìsi

的 后缀   是 动词 词干 后 加上 做 某 种
de hòuzhuì。"-개" shì dòngcí cígàn hòu jiāshàng zuò mǒuzhǒng

行为 的 简单 工具 的 意思 并 制作 名词 的 后缀
xíngwéi de jiǎndān gōngjù de yìsi, bìng zhìzuò míngcí de hòuzhuì。

       是 几个 形容词 动词 词干 后缀 成 名词 的
"-이" shì jǐgè xíngróngcí、dòngcí cígàn hòuzhuì chéng míngcí de

后缀   是 在 词根 后 加上 某 种 性质 的
hòuzhuì。"-스럽다" shì zài cígēn hòu jiāshàng mǒuzhǒng xìngzhì de

意思 是 制作 形容词 的 后缀   是 部分 名 词
yìsi, shì zhìzuò xíngróngcí de hòuzhuì。"-답다" shì bùfen míngcí

后面 加上 某 种 性质 的 意思 是 制作 形容词
hòumiàn jiāshàng mǒuzhǒng xìngzhì de yìsi, shì zhìzuò xíngróngcí

的 后缀
de hòuzhuì。

韓国語の接尾辞は語基の後ろについて語基の意味を変えたり文法的性質を変える。「-보」は語基の後ろについてある特徴を持つ、ある行為を特性として持つ人の意味を加える接尾辞である。「-개」は動詞の語幹の後について、ある行為をする簡単な道具の意味を加え

て名詞を作る接尾辞である。「-이」はいくつかの形容詞し、動詞の語幹の後ろについて名詞を作る接尾辞である。「-스럽다」は語根の後ろについて、ある性質があることの意味を加えて形容詞を作る接尾辞である。「-답다」は一部の名詞の後について、ある性質があることの意味を加えて形容詞を作る接尾辞である。

Suffixes in Korean change the meaning of a word or change its grammatical properties. '-보' is a suffix that adds the meaning of a person who has certain characteristics or performs certain actions. '-개' is a suffix that follows a verb stem to add the meaning of a simple tool that performs an action and creates a noun. '-이' is a suffix that can be added to some adjectives and verb stems to form nouns. '-스럽다' is a suffix that is added to the end of a root to add the meaning of having a certain quality and create an adjective. '-답다' is a suffix that can be added to some nouns to add a certain quality and create adjectives.

▌참고: 동사 '하다'와 접미사 '-하다'

动 词　　　和 后 缀
dòngcí "하다" hé hòuzhuì "하다"

動詞「하다」と接尾辞「-하다」

Verb '하다' and suffix '-하다'

동사 '하다'의 기본적 의미는 사람이나 동물, 물체가 행동이나 작용을 하는 것을 말한다. 접미사 '-하다'는 명사 뒤에 붙어 동사나 형용사를 만든다.
动 词　　　 的 基本 意义 是 人 或 动物 物体 进行
dòngcí "하다" de jīběn yìyì shì rén huò dòngwù, wùtǐ jìnxíng

行动 或 作用。 后缀 "-하다" 是名词后面 加上
xíngdòng huò zuòyòng。 hòuzhuì "-하다" shì míngcí hòumiàn jiāshàng

动词 或 形容词。
dòngcí huò xíngróngcí。

動詞「하다」の基本的意味は人や動物、物体が行動や作用をすることをいう。接尾辞「-하다」は名詞の後ろについて動詞や形容詞を作つくる。

The basic meaning of the verb '하다' is for a person, animal, or object to perform an action or behavior. The suffix '-하다' is attached to a noun to make a verb or adjective.

나는 학교에서 운동을 하다. (동사)
我 在 学 校 运 动
wo zài xuéxiào yùndòng。

私は学校で運動をする。

I exercise at school.

나는 학교에서 운동하다. (동사파생접미사)
我 在 学 校 运 动
wo zài xuéxiào yùndòng。

私は学校で運動する。

I exercise at school.

나는 건강하다. (형용사파생접미사)
我 很 健 康
wo hěn jiànkāng。

私は元気である。

I am in good condition.

■ 참고: 동사 '되다'와 접미사 '-되다'

动　词　　　　和　后　缀
dòngcí "되다" hé hòuzhuì "되다"

動詞「되다」と接尾辞「-되다」

Verb '되다' and suffix '-되다'

동사 '되다'는 "새로운 신분이나 지위를 가지다" 또는 "다른 것으로 변하다" 등의 의미이다. 접미사 '-되다'는 "'피동'의 뜻을 가지는 동사를 만드는 접미사" 또는 형용사를 만드는 접미사로 쓰인다.

动　词　　　是　具有　新　的　身份　或　地位　或　变成
dòngcí"되다"　shì "jùyǒu xīn de shēnfèn huò dìwèi" huò "biànchéng

别的　东西　等　意思　后缀　　　　被　用作　制造　具有
biéde dōngxi" děng yìsi. hòuzhuì "-되다" bèi yòngzuò "zhìzào jùyǒu

被动　意思的　动词的　后缀　或　形容词　后缀
bèidòng" yìsī de dòngcí de hòuzhuì" huò xíngróngcí hòuzhuì。

動詞「되다」は「新しい身分や地位を持つ」または「他のものに変わる」などの意味である。接尾辞「-되다」は「受身」の意味を持つ動詞を作る接尾辞」または形容詞を作る接尾辞として使われる。

The verb '되다' means 'to have a new status or position', or 'to change into something else', etc. The suffix '-되다' is used as "a suffix to form a verb that means 'passive' or to form an adjective."

나는 의사가 되고 싶다. (동사)
我　想　成　为　一　名　医　生
wǒ xiǎng chéngwéi yìmíng yīshēng。

私は医者になりたい。

I want to be a doctor.

얼음이 물이 되다. (동사)
冰 化 成 了 水
bīnghuà chéng le shuǐ。

氷が水になる。
こおり　みず

Ice turns into water.

회의에서 안건이 만장일치로 가결되다. (동사파생접미사)
会 上　　全 场　　一 致 通 过 议案
huìshàng quánchǎng yízhì tōngguò yìàn。

会議で案件が満場一致で可決される。
かいぎ　あんけん　まんじょういっち　かけつ

The agenda was unanimously approved at the meeting.

정보가 거짓되다. (형용사파생접미사)
信 息 不 真 实
xìnxī bú zhēnshi。

情報が嘘になる。
じょうほう　うそ

The information is false.

使 动 和 被 动
◆ 사동과 피동 shǐdòng hé bèidòng 使役と受身 しえき うけみ Causative and Passive

　남으로 하여금 어떤 동작을 하게 하는 동작을 사동이라 하고, 이러한 사동의 표현법을 문법적으로 사동법이라 한다. 사동접미사는 일부 동사 및 형용사의 어간에 결합하여 문상의 주체가 사시 스스로 행하지 잃고 남에게 그 행동이나 동작을 하게 함을 나타내는 접미사이다. '-이-', '-히-', '-리-', '-기-', '-우-', '-구-', '-추-' 등이 있다.

使 别 人 做 出　　某 种　　动 作　的　动 作　　称 为
shǐ biéren zuòchū mouzhǒng dòngzuò de dòngzuò chēngwéi

使动 这种 使动 的 表现法 从 语法 上
"shǐdòng", zhèzhǒng shǐdòng de biǎoxiànfǎ cóng yǔfǎ shàng

称为 使动法 使动 后缀 是 结合 部分 动词 及
chēngwéi "shǐdòngfǎ" shǐdòng hòuzhuì shì jiéhé bùfen dòngcí jí

形容词 词间 表示 句子 的 主体 不 自己 进行 而是 让
xíngróngcí cíjiān, biǎoshì jùzi de zhǔtǐ bú zìjǐ jìnxíng, érshì ràng

别人做 其 行动 或 动作 的 后缀 有
biéren zuò qí xíngdòng huò dòngzuò de hòuzhuì。yǒu "-이-"、"-히-
"、"-리-"、"-기-"、"-우-"、"-구-"、"-추" 等 děng。

他人にある動作をさせる動作を使役動といい、このような使役の
表現法を文法的に使役法という。使役接尾辞使は、一部の動詞や
形容詞の語幹に結合して、文章の主体が自ら行わず、他人にその
行動や動作をさせることを表す接尾辞である。「-이」、「-히-」、「-리
-」、「-기-」、「-우-」、「-구-」、「-추」などがある。

An action that causes another person to perform an action is called a causation, and the grammatical expression of such a passive action is called a causative. The causative suffix is a suffix that is attached to the stem of some verbs and adjectives to indicate that the subject of the sentence causes others to perform the action or behavior instead of performing it themselves. There are '-이-', '-히-', '-리-', '-기-', '-우-', '-구-', and '-추-'.

동생이 문 뒤에 숨었다.
弟弟 躲 在 门 后
dìdi duǒ zài mén hòu。

弟が戸の後ろに隠れた。

My brother hid behind the door.

내가 동생을 문 뒤에 숨겼다. (숨- + -기- + -었- + -다)
我 把 弟弟 藏 在 门 后 了
wǒ bǎ dìdi cáng zài mén hòu le。

私が弟をドアの後ろに隠した。

I hid my brother behind the door.

▶ 사동사 shǐdòngcí 使动词 使役動詞 しえきどうし Causative verb

-이-: 먹다 – 먹이다, 보다 – 보이다, 높다 – 높이다

-히-: 앉다 – 앉히다, 읽다 – 읽히다, 잡다 –잡히다

-리-: 날다 – 날리다, 살다 – 살리다, 알다 – 알리다

-기-: 남다 – 남기다, 웃다 – 웃기다, 벗다 – 벗기다

-우-: 깨다 – 깨우다, 비다 – 비우다

-구-: 달다 – 달구다

-추-: 낮다 – 낮추다, 늦다 – 늦추다

피동은 어떤 행위나 동작이, 주어로 나타내어진 인물이나 사물이 제 힘으로 행하는 것이 아니라, 남의 행동에 의해서 되는 것이라 하고, 이러한 피동의 표현법을 문법적으로 피동법이라 한다. 피동접미사는 일부 타동사의 어간에 결합하여 주체가 다른 힘에 의하여 움직임을 나타내는 접미사이다. '-이-', '-히-', '-리-', '-기-' 등이 있다.

被动 是 指 某 种 行为 或 动作 主语 表示
bèidòng shì zhi mouzhǒng xíngwéi huò dòngzuò、zhuyu biǎoshì

的 人物 或 事物 不 是 依靠 自己 的 力量 进行 的 而是
de rénwù huò shìwù bú shì yīkào zìjǐ de lìliàng jìnxíng de, érshì

依靠 他人 的 行动 进行 的 这 种 被动 表现 法
yīkào tārén de xíngdòng jìnxíng de, zhèzhǒng bèidòng biǎoxiànfǎ

语法 上 称为 被 动 法 被 动 后 缀 是 结合 部分
yufǎ shàng chēngwéi bèidòngfǎ。bèidòng hòuzhuì shì jiéhé bùfen

他 动 词 的 词 间 表示 主 体 依靠 其他 力量 移 动 的
tādòngcí de cíjiān, biǎoshì zhǔtǐ yīkào qítā lìliàng yídòng de

后 缀 有 等
hòuzhuì。yǒu "-이-"、"-히-"、"-리-"、"-기-" děng。

受身はある行為や動作が、主語で表された人物や事物が自分の力で行うのではなく、他人の行動によってなるものだとして、このような受身の表現法を文法的に受身法という。受身接尾辞は、一部の他動詞の語幹に結合し、主体の異なる力によって動きを表す接尾辞である。「-이-」、「-히-」、「-리-」、「-기-」などがある。

    A passive is an action or behavior that is not performed by the person or thing represented by the subject, but by the action of another person or thing, and the expression of such a passive is grammatically called passive. A passive suffix is a suffix that joins the stem of some transitive verbs to indicate that the subject is moved by another force. There are '-이-', '-히-', '-리-', and '-기-'.

언니가 동생을 업었다.

姐姐 背 了 弟弟
jiějie bēi le dìdi。

姉(あね)が弟(おとうと)をおんぶした。

My sister carried my younger brother on her back.

동생이 언니에게(언니한테) 업히었다. (업- + -히- + -었- + -다)

弟弟 被 姐姐 背 起来 了
dìdi bèi jiějie bēi qǐlái le。

弟(おとうと)が姉(あね)におんぶされた。

My younger brother was carried on my sister's back.

▶ 피동사 bèidòngcí 受け身の動詞 Passive verb

-이-: 놓다 – 놓이다, 보다 – 보이다, 쓰다 – 쓰이다

-히-: 먹다 – 먹히다, 묻다 – 묻히다, 밟다 – 밟히다

-리-: 듣다 – 들리다, 밀다 – 밀리다, 풀다 – 풀리다

-기-: 감다 – 감기다, 안다 – 안기다, 찢다 – 찢기다

▌참고: '-게 하다'에 의한 사동과 '-어지다(-아지다)'에 의한 피동
因　　　　　使动　和因　　　　　　　被动
yīn '-게 하다' shǐdòng hé yīn '-어지다(-아지다)' bèidòng

「-게 하다」による使役(しえき)と「-어지다(아지다)」による受身(うけみ)

Causative by '-게 하다' and passive by '-어지다(-아지다)'

'-게 하다'에 의한 사동법은 새로운 동작주가 등장하고, 주동사에 어미 '-게'를 붙이고, 보조동사 '하다'를 써서 사동의 뜻을 나타낸다. '-어지다'에 의한 피동법은 큰 제약 없이 거의 모든 동사에 쓰인다.

根据 "-게 하다" 的使动法 出现 了 新 的 动作主 在
gēnjù "-게 하다" de shǐdòngfǎ, chūxiàn le xīn de dòngzuòzhǔ, zài

主动词 上 加上 词尾 "-게", 使用 辅助 动词 "하다" 来
zhǔdòngcí shàng jiāshàng cíwěi "-게", shǐyòng fǔzhù dòngcí "하다" lái

表示 使动 的 意思 根据 "-어지다" 的 被动法 没有 太大的
biǎoshì shǐdòng de yìsi。gēnjù "-어지다" de bèidòngfǎ méiyǒu tài dà de

限制 几乎 所有 动词 都 使用
xiànzhì, jīhū suǒyǒu dòngcí dōu shǐyòng。

「-게 하다」による使役法は新しい動作主が登場し、主動詞に語尾「-게」を付けて、補助動詞「하다」を使って使役の意味を表す。「~어지다」による受身法は大きな制約なしにほとんどすべての動詞に使われる。

The causative by '-게 하다' introduces a new action subject, attaches the ending '-게' to the main verb, and uses the auxiliary verb '하다' to express the meaning of the causative voice. The passive with '-어지다' can be used for almost any verb without any restrictions.

친구가 왔다. → 부모님이 친구를 오게 하였다. (-게 하다: 사동)
朋友 来 了 父母 让 朋友 来 了
péngyou lái le。→ fùmǔ ràng péngyou lái le。

友達が来た。→両親が友達を来こさせた。

My friend is here. → My parents made my friend come.

철수가 그의 오해를 풀었다. → 그의 오해가 철수에 의해 풀어졌다. (풀- + -어지- + -었- + -다: 피동)
哲洙 消除 了 他的 误会 他的 误会 被 哲洙 澄清 了
zhézhū xiāochú le tā de wùhuì。→tā de wùhuì bèi zhézhū chéngqīng le。

チョルスが彼の誤解を解いた。→彼の誤解が撤収によって解けた。

Chul-soo cleared up his misunderstanding. → His misunderstanding was cleared up by Chul-soo.

8.3. 형태 분석 xíngtài fēnxi 形態分析 けいたいぶんせき Morph analysis

형태 분석은 문장을 어절 단위로 나누고, 어절을 의미를 나타내는 최소 단위인 형태로 분리하고, 각 형태에 올바른 문법 정보를 부여하는 것을 말한다.

形态 分析 是 指 将 句子 分成 语节 单位 将 语节
xíngtài fēnxi shì zhǐ jiāng jùzi fēnchéng yǔjié dānwèi, jiāng yǔjié

分离 成 表示 意义 的 最小 单位 形态 并 对 各
fēnlí chéng biǎoshì yìyì de zuìxiǎo dānwèi xíngtài, bìng duì gè

形态 赋予 正确 的语法 情報
xíngtài fùyǔ zhèngquè de yufǎ qíngbào。

形態分析は文章を語節単位に分け、語節を意味を表す最小単位である形態に分離し、各形態に正しい文法情報を付与することをいう。

Morph analysis is the process of breaking down a sentence into word segments, separating the word segments into forms, which are the smallest units of meaning, and attributing the correct grammatical information to each form.

◆ 형태 분석의 실제 xíngtài fēnxi de shíjì 形態分析の実際 Practice of morph analysis

나는 민족 중흥의 역사적 사명을 띠고, 이 땅에 태어났다.

我 肩负着　民族振兴　的历史使命　出生　在这片
wǒ jiānfu zhuó mínzú zhènxīng de lìshi shǐmìng, chūshēng zài zhè piàn

土地　上
tǔdì shàng。

<ruby>私<rt>わたし</rt></ruby>は<ruby>民族復興<rt>みんぞくふっこう</rt></ruby>の<ruby>歴史的使命<rt>れきしてきしめい</rt></ruby>を<ruby>帯<rt>お</rt></ruby>びて、この<ruby>地<rt>ち</rt></ruby>に<ruby>生<rt>う</rt></ruby>まれた。

I was born on this earth with a historical mission of national revival.

나는　나/인칭대명사+는/보조사

'나'는 말하는 이가 대등한 관계에 있는 사람이나 아랫사람을 상대하여 자기를 가리키는 일인칭 대명사이다. 주격 조사 '가'나 보격 조사 '가'가 붙으면 '내'가 된다.

'는'은 문장 속에서 어떤 대상이 화제임을 나타내는 보조사이다.

민족　민족/보통명사

'민족'은 일정한 지역에서 오랜 세월 동안 공동생활을 하면서 언어와 문화상의 공통성에 기초하여 역사적으로 형성된 사회 집단이다.

중흥의　중흥/보통명사+의/관형격조사

'중흥'은 쇠퇴하던 것이 중간에 다시 일어나거나 다시 일어나게 한다는 의미이다.

'의'는 앞 체언이 관형어 구실을 하게 하며, 뒤 체언이 앞 체언이 나타내는 어떤 동작을 주된 목적이나 기능으로 하는 것임을 나타내는 말이다.

역사적　역사/보통명사+적/접미사

'역사'는 인류 사회의 변천과 흥망의 과정 또는 그 기록을 말한다.

'-적(的)'은 주로 한자어(漢字語) 명사 뒤에 붙어, '그런 상태로 된',

'그런 성질을 띤', '그것에 관계된' 등의 뜻을 나타내는 말. 흔히 추상적 명사 뒤에 붙으나, 구체적 명사에 붙기도 함. 예)과학적, 향락적, 생산적, 한국적, 세계적, 파스칼적 명상.

사명을 사명/보통명사+을/목적격조사

'사명'은 맡겨진 임무를 말한다.

'을'은 동작이 미친 직접적 대상을 나타내는 격조사이다.

띠고 띠/타동사+고/연결어미

'띠다'는 용무나, 직책, 사명 따위를 지니는 것을 말한다.

'-고'는 앞뒤 절의 두 사실 간에 계기적인 관계가 있음을 나타내는 연결어미이다.

이 이/지시 관형사

'이'는 말하는 이에게 가까이 있거나 말하는 이가 생각하고 있는 대상을 가리킬 때 쓰는 말이다.

땅에 땅/보통명사+에/부사격조사

'땅'은 영토(領土) 또는 영지(領地)를 말한다.

'에'는 앞말이 처소의 부사어임을 나타내는 격조사이다.

태어났다. 태어나/자동사+았/과거시제선어말어미+다/종결어미

'태어나다'는 사람이나 동물이 형태를 갖추어 어미의 태(胎)로부터 세상에 나오는 것을 의미한다.

'-았-'은 이야기하는 시점에서 볼 때 사건이 이미 일어났음을 나타내는 과거시제선어말어미이다. 한국어어문규정에서 모음 'ㅏ/ㅓ'로 끝난 어간에 '-아/어-, -았/었-'이 어울릴 적에는 준 형태로 적는다. 즉, '태어나- + -았- + -다'이지만 '태어났다'로 적은 것이다.

'-다'는 어떤 사건이나 사실, 상태를 서술하는 뜻을 나타내는 종결어미이다.

저는 자라면서 남을 배려하는 마음과 그 실천을 부모님과 오빠로부터 배우고 익혔습니다.

我　长　大　后　从　　父母　和　哥哥　那里　学习　和　学　会　了　关　怀
wǒ　zhǎngdà　hòu　cóng　fùmǔ　hé　gēge　nàlǐ　xuéxí　hé　xuéhuì　le　guānhuái

他人 的 心 和 实 践
tārén de xīn hé shíjiàn。

私は成長しながら人を配慮する心とその実践を両親と兄から学び身につけました。

Growing up, I was taught and practiced caring for others by my parents and brother.

저는　저/대명사+는/보조사

‘저’ 말하는 이가 윗사람이나 그다지 가깝지 아니한 사람을 상대하여 자기를 낮추어 가리키는 일인칭 대명사이다. ‘저’에 주격 조사 ‘가’나 보격 조사 ‘가’가 붙을 때는 ‘제’가 된다.

‘는’은 받침 없는 체언 뒤에 붙어 문장 속에서 어떤 대상이 화제임을 나타내는 보조사이다.

자라면서　자라/동사+면서/연결어미

‘자라다’는 생물이 생장하거나 성숙하여지다의 의미이다.

‘-면서’는 어미 ‘이다’의 어간, 받침 없는 용언의 어간, ‘ㄹ’ 받침인 용언의 어간 또는 어미 ‘-으시-’ 뒤에 붙어 두 가지 이상의 움직임이나 사태 따위가 동시에 겸하여 있음을 나타내는 연결어미이다.

남을　남/명사+을/목적격조사

‘남’은 자기 이외의 다른 사람을 말한다.

‘을’은 받침 있는 체언 뒤에 붙어 동작이 미친 직접적 대상을 나타내는

격조사이다

배려하는   배려하/동사+는/관형사형 전성어미

'배려하다'는 '…을' 도와주거나 보살펴 주려고 마음을 쓰는 것을 말한다.

'-ㄴ'은 받침 없는 동사 어간, 'ㄹ' 받침인 동사 어간 또는 어미 '-으시-' 뒤에 붙어앞말이 관형어 구실을 하게 하고, 사건이나 행위가 과거 또는 말하는 이가 상정한 기준 시점보다 과거에 일어남을 나타내는 전성어미이다.

마음과   마음/명사+과/접속조사

'마음'은 사람이 본래부터 지닌 성격이나 품성을 말한다.

'과'는 받침 없는 체언 뒤에 붙어 둘 이상의 사물이나 사람을 같은 자격으로 이어 주는 접속 조사이다. 이때 '과'는 경우에 따라 생략이 가능하며, 생략된 자리에는 쉼표를 찍는다.

그   그/지시관형사

'그'는 앞에서 이미 이야기한 대상을 가리킬 때 쓰는 말이다.

실천을   실천/명사+을/목적격조사

'실천'은 생각한 것을 실제로 행하는 것을 말한다.

'을'은 받침 있는 체언 뒤에 붙어 동작이 미친 직접적 대상을 나타내는 격조사이다.

부모님과   부모님/명사+과/접속조사

'부모님'은 '부모(아버지와 어머니를 아울러 이르는 말)'를 높여 이르는 말이다.

'과'는 받침 없는 체언 뒤에 붙어 둘 이상의 사물이나 사람을 같은 자격으로 이어 주는 접속 조사이다. 이때 '과'는 경우에 따라 생략이 가능하며, 생략된 자리에는 쉼표를 찍는다.

오빠로부터   오빠/명사+로부터/부사격조사

'오빠'는 같은 부모에게서 태어난 사이이거나 일가친척 가운데 항렬이 같은 손위 남자 형제를 여동생이 이르거나 부르는 말이다.

'로부터'는 받침 없는 체언이나 'ㄹ' 받침으로 끝나는 체언 뒤에 붙어 어떤 행동의 출발점이나 비롯되는 대상임을 나타내는 격조사이다. 격조사 '로'와 보조사 '부터'가 결합한 말이다.

배우고   배우/동사+고/연결어미

'배우다'는 새로운 지식, 교양, 기술을 익히는 것을 말한다.

'-고'는 '이다'의 어간, 용언의 어간 또는 어미 '-으라-', '-더-'를 제외한 다른 어미 뒤에 붙어 두 가지 이상의 사실을 대등하게 벌여 놓는 연결어미이다.

익혔습니다.   익히/동사+었/과거시제선어말어미+습니다/종결어미

'익히다'는 '익다(자주 경험하여 조금도 서투르지 않다)'의 사동사이다.

'-었-'은 끝음절의 모음이 'ㅏ, ㅗ'가 아닌 용언의 어간 뒤나 '이다'의 어간 뒤에 붙어, 또는 다른 어미 앞에 붙어 이야기하는 시점에서 볼 때 사건이나 행위가 이미 일어났음을 나타내는 선어말어미이다.

'-습니다'는 'ㄹ'을 제외한 받침 있는 용언의 어간이나 어미 '-었-', '-겠-' 뒤에 붙어 합쇼할 자리에 쓰여, 현재 계속되는 동작이나 상태를 있는 그대로 나타내는 종결어미이다.

〈부록〉 교실 한국어

附录 教室 韩语
fùlù: jiàoshì hányǔ

付録: 教室韓国語
ふろく きょうしつかんこくご

Appendix: Classroom Korean

한국어 hányǔ 韓国語 Korean

강의실 jiàoshì 講義室 classroom

학생 xuésheng 学生 student

선생님 lǎoshī 先生 teacher

복습 fùxí 復習 review

발음 fāyīn 発音 pronunciation

성적 chéngjì 成績 grade

중간고사 qīzhōng kǎoshì 中間テスト midterm exam

기말고사 qīmò kǎoshì 期末テスト final exam

안녕 nǐhǎo 安寧 Good morning

지난주 shàngzhōu 先週 last week

강의 kè 講義 lecture

수업 kè 授業 lecture

교수 jiàoshòu 教授 rofessor

오늘 jīntiān 今日 today

예습 yùxí 予習 preparation

의미 yìsi 意味 meaning

시험 kǎoshì 試験 exam

이번주 zhèzhōu 今週 this week

다음주 xiàzhōu 来週 next week

다음주에 만나자 xiàzhōu jiàn 来週会おう See you next week

수업 시작 shàngkè 授業開始 starting class

수업 끝 xiàkè 授業終了 end of class

출석 chūxí 出席 attendance   결석 quēxí 欠席 absent

지각 chídào 遅刻 late

출석 부릅니다. diǎnmíng 出席を取ります Let me do the roll call, or Let me take attendance.

손을 들어 주세요. jǔshǒu 手を挙げてください Raise your hand

오늘은 날씨가 어떻습니까? jīntiān tiānqì zěnmeyàng? 今日の天気はどうですか？ How is the weather today?

오늘은 날씨가 좋습니다. jīntiān tiānqì hěn hǎo。 今日はいい天気である。 It's fine today.

오늘은 비가 옵니다. jīntiān tiānqì xià yǔ。 今日は雨が降ります。 It's raining today.

오늘은 바람이 붑니다. jīntiān guāfēng。 今日は風が吹いています。 It's windy today. 오늘은 눈이 옵니다. jīntiān xià xuěle。 今日は雪が降ります。 It's snowing today.

오늘은 흐립니다. jīntiān duōyún。 今日は曇りである。 It's cloudy today.

이 말은 중국어로 --- 입니다. 这句话用汉语是-- 。この言葉は中国語で --- である。 This means --- in Chinese.

이 말은 영어로 --- 입니다. 这句话用英语是-- 。この言葉は英語で --- である。 This means --- in English.

이 말은 한국어로 --- 입니다. 这句话用韩语是-- 。この言葉は韓国語で --- である。 This means --- in Korean.

이것을 이해하겠습니까? 明白了吗 míngbái le ma? これが理解できますか? Do you understand this?

질문 있나요? 有问题吗 yǒu wèntí ma? 質問ありますか? Do you have a question?

오늘은 무슨 요일입니까? 今天星期几 jīntiān xīngqí jǐ? 今日は何曜日ですか? What day is it today?

오늘은 금요일입니다. 今天星期五 jīntiān xīngqíwǔ。今日は金曜日である。 Today is Friday.

일요일 星期天 xīngqītiān 日曜日 Sunday
월요일 星期一 xīngqīyī 月曜日 Monday
화요일 星期二 xīngqīèr 火曜日 Tuesday
수요일 星期三 xīngqīsān 水曜日 Wednesday
목요일 星期四 xīngqīsì 木曜日 Thursday
금요일 星期五 xīngqíwǔ 金曜日 Friday
토요일 星期六 xīngqīliù 土曜日 Saturday

수강신청 听课申请 tīngkè shēnqǐng 受講申請 register for courses

보고서 报告书 bàogàoshū 報告書 report
과제 kètí 課題 project, task

과목	kèmù 科目 subject	대학	dàxué 大学 university
교육	jiàoyù 教育 education	교양	jiàoyǎng 教養 liberal arts
전공	zhuānyè 專攻 major	주제	zhǔtí 主題 topic
단어	dāncí 単語 word	어휘	cíhuì 語彙 vocabulary
진도	jìndù 進度 progress		
강의계획서	jiǎngkè jìhuàshū 講義計画書 syllabus		
연습	liànxí 練習 practice, exercise		
문제	wèntí 問題 problem, question		
교재	kèběn 教材 textbook	안내	jièshào 案内 guide
발표	fābiǎo 発表 presentation	설명	shuōmíng 説明 explanation
정의	dìngyì 定義 definition	예시	yùshì 例示 illustration
보기	lì 例 example	비교	bǐjiào 比較 comparison
대조	duìzhào 対照 contrast	구분	qūfēn 区分 classification
분류	fēnlèi 分類 categorization	유추	lèituī 類推 inference
분석	fēnxi 分析 analysis	문장	wénzhāng 文章 sentence

구조 gòuzào 構造 structure
들다 tīng 聞く·聴く hear, listen
읽다 dú 読む read
책 shū 本 book
시간 shíjiān 時間 time
반복 fǎnfù 反復 repetition
본론 běnlùn 本論 body
요약 yàodiǎn 要約 summary

말하다 shuō 言う·話す say
쓰다 xiě 書く write
지식 zhīshi 知識 knowledge
휴식 xiūxi 休憩 rest, break
정리 zhěnglǐ 整理 arrangement
서론 xùlùn 序論 introduction
결론 jiélùn 結論 conclusion
예고 yùgào 予告 notice

오늘 수업 시작하겠습니다.
我 今天 要 开始 上课
wǒ jīntiān yào kāishǐ shàngkè.
今日の授業を始めます。
Let's start class today.

지금부터 ---- 에 대한 강의를 시작하겠습니다.
现在 开始 讲 关于 的课
xiànzài kāishǐ jiǎng guānyú—de kè.
今から ---- についての講義を始めます。
I'm going to start a --- lecture now.

오늘은 ----에 대해서 알아보도록 하겠습니다.
今天 我们 要 学习
jīntiān wǒmen yào xuéxí---。今日は ----について見ていきたいと思います。Today we are going to learn about -.

오늘 수업의 주제는 ----- 입니다.
今天 课 的 主题 是   是
jīntiān kè de zhǔtí shì-----shì.

きょう じゅぎょう
今日の授業のテーマは ----- となります。The topic of today's class is ---.

지난 주에 이어서 오늘은 -----에 대해서 알아보겠습니다.
继　上　周　今天　　我 们　来 了 解 一 下
jì shàngzhōu jīntiān ----- wǒmen lái liaojiě yíxià。

せんしゅう ひ つづ きょう   しょうかい
先週に引き続き今日は -----についてご紹介します。

Continuing from last week, today we will learn about ---.

　　　　　　　　　再 仔细 一 看　　 すこ くわ   み
좀 더 자세히 살펴보면, zài zǐxì yī kàn, もう少し詳しく見てみると、Looking more

　　closely,

　　　　　 例如　 たと
예를 들면, lìrú, 例えば、For example,

　　　　　　　总 结 一 下　 ようやく
요약하면, zǒngjié yīxià, 要約すると、Summing up,

　　　　　　　　总 而 言 之　 けつろん
결론적으로, zǒngéryánzhī, 結論として、In conclusion,

　　　　　 　具体 来 说　　ぐたいてき
구체적으로, jùtǐ láishuō,　具体的には、Specifically,